Rolf Haage 1/78

WAGENBACHS TASCHENBÜCHEREI

Baudelaire 1848:

Gedichte der Revolution

Herausgegeben und kommentiert
von Oskar Sahlberg
unter Mitarbeit von Peter Fischer

Verlag Klaus Wagenbach   Berlin

Zeichnung von Baudelaire

Der Text, später hinzugefügt, wahrscheinlich von Baudelaires Freund und Verleger Poulet-Malassis, lautet: ›Portrait von Blanqui, Auguste, wirklich ähnlich, gemacht von Baudelaire im Jahre 1850, vielleicht auch 1849?‹

(Louis-Auguste Blanqui, 1805–1881, französischer Revolutionär)

›Die Politik erscheint hier nicht‹.

Valéry über Baudelaires Dichtung

(Paul Valéry, 1871–1945, wichtigster Vertreter der ›reinen Poesie‹, die sich als Nachfolger Baudelaires verstanden)

Wagenbachs Taschenbücherei 35

Satz: acomp Wemding. – Druck: aprinta Wemding
Bindung: Hans Klotz, Augsburg
Umschlagmontage: Jürgen Holtfreter

ISBN 3 8031 2035 7
Sämtliche Fotografien von Nadar erscheinen hier mit freundlicher Genehmigung der ›Archives Photographiques‹, Paris. – Die Übersetzungen stammen, soweit nicht anders angegeben, von Oskar Sahlberg.

Inhalt

Phantastische Politik

Gustave Courbet, Portrait Baudelaires. Öl, 1847

Pariser Landschaft

Ich will, um meine Hirtenlieder keusch zu komponieren,
Nahe beim Himmel schlafen, wie die Astrologen,
Und, der Glockentürme Nachbar, hör ich träumend
Ihre melodischen Gesänge, vom Winde fortgetragen.
Beide Hände am Kinn, aus der Höhe der Mansarde
Werd ich die Werkstatt sehn, die singt und schwatzt;
Die Schornsteine, die Glockentürme, diese Maste der Stadt,
Die weiten blauen Himmel, die von Ewigkeiten träumen mache
Ein Vergnügen ist es, durch die Nebel aufleuchten zu sehn
Den Stern im Blau, die Lampe am Fenster,
Die Ströme von Rauch zum Firmament aufsteigen,
Und den Mond seinen bleichen Zauber ausgießen.
Ich werde die Frühjahre sehen, die Sommer, die Herbste,
Und, wenn der Winter kommt mit seinem monotonen Schneefall,
Werd ich überall die Türen schließen und die Läden,
Um meine Feenpaläste aufzubauen in der Nacht.
Dann werd ich bläuliche Horizonte träumen,
Gärten, Wasserspiele, die in Alabasterschalen weinen,
Küsse, spät und früh singende Vögel,
Und alles Kindlichste, was die Idylle hat.
Und dann mag der Aufruhr gerne an mein Fenster stürmen,
Ich werde nicht die Stirn von meinem Pult erheben,
Und werde mich nicht mehr aus dem antiken Sessel rühren,
In dem ich komponieren will für einen jungen Sarg
(Unsern Toten muß man schmeicheln, in ihren dunkler
Winkeln)
Süße Verse, wild dampfend wie die Räucherpfannen.

Paysage parisien

Je veux, pour composer chastement mes éclogues,
Coucher auprès du ciel, comme les astrologues,
Et, voisin des clochers, écouter en rêvant
Leurs chants mélodieux emportés par le vent.
Les deux mains au menton, du haut de ma mansarde,
Je verrai l'atelier qui chante et qui bavarde,
Les tuyaux, les clochers, ces mâts de la cité,
Les grands ciels bleus qui font rêver d'éternité!
C'est plaisir, à travers les brumes, de voir naître
L'étoile dans l'azur, la lampe à la fenêtre,
Les fleuves de charbon monter au firmament,
Et la lune verser son pâle enchantement.
Je verrai les printemps, les étés, les automnes,
Et, quand viendra l'hiver aux neiges monotones,
Je fermerai partout portières et volets
Pour bâtir dans la nuit mes féeriques palais.
Alors je rêverai des horizons bleuâtres,
Des jardins, des jets d'eau pleurant dans les albâtres,
Des baisers, des oiseaux chantant soir et matin,
Et tout ce que l'Idylle a de plus enfantin.
Et l'émeute aura beau tempêter à ma vitre,
Je ne lèverai pas le front de mon pupitre,
Et ne bougerai plus de l'antique fauteuil,
Où je veux composer pour un jeune cercueil
(Il faut charmer nos morts dans leurs noires retraites)
De doux vers tout fumants comme des cassolettes.

Einladung zur Reise

Meine schwester mein kind!
Denk dir wie lind
Wär es dorthin zu entweichen!
Liebend nur sehn
Liebend vergehn
In ländern die dir gleichen!
Der sonnen feucht
Verhülltes geleucht
Die mir so rätselhaft scheinen
Wie selber du bist
Wie dein auge voll list
Das glitzert mitten im weinen.

Dort wo alles friedlich lacht –
Lust und heiterkeit und pracht.

Die möbel geziert
Durch die jahre poliert
Ständen in deinem zimmer
Und blumen zart
Von seltenster art
In ambraduft und flimmer.
Die decken weit
Die spiegel breit
In Ostens prunkgemache
Sie redeten dir
Geheimnisvoll hier
Die süße heimatsprache.

Dort wo alles friedlich lacht –
Lust und heiterkeit und pracht.

Sieh im kanal
Der schiffe zahl
Mit schweifenden gelüsten!
Sie kämen dir her
Aufs kleinste begehr

Von noch so entlegenen küsten.
Der sonne glut
Ersterbend ruht
Auf fluß und stadt und die ganze
Welt sich umspinnt
Mit gold und jazint
Entschlummernd in tief-warmem glanze.

Dort wo alles friedlich lacht –
Lust und heiterkeit und pracht.

Übersetzung Stefan George

Doppelselbstportrait Baudelaires. Bleistiftzeichnung, 1857

Mœsta et Errabunda

Dis-moi, ton cœur parfois s'envole-t-il, Agathe,
Loin du noir océan de l'immonde cité,
Vers un autre océan où la splendeur éclate,
Bleu, clair, profond, ainsi que la virginité?
Dis-moi, ton cœur parfois s'envole-t-il, Agathe?

La mer, la vaste mer, console nos labeurs!
Quel démon a doté la mer, rauque chanteuse
Qu'accompagne l'immense orgue des vents grondeurs,
De cette fonction sublime de berceuse?
La mer, la vaste mer, console nos labeurs!

Emporte-moi, wagon! enlève-moi, frégate!
Loin! loin! ici la boue est faite de nos pleurs!
– Est-il vrai que parfois le triste cœur d'Agathe
Dise: Loin des remords, des crimes, des douleurs,
Emporte-moi, wagon, enlève-moi, frégate?

Comme vous êtes loin, paradis parfumé,
Où sous un clair azur tout n'est qu'amour et joie,
Où tout ce que l'on aime est digne d'être aimé,
Où dans la volupté pure le cœur se noie!
Comme vous êtes loin, paradis parfumé!

Mais le vert paradis des amours enfantines,
Les courses, les chansons, les baisers, les bouquets,
Les violons vibrant derrière les collines,
Avec les brocs de vin, le soir, dans les bosquets,
– Mais le vert paradis des amours enfantines,

L'innocent paradis, plein de plaisirs furtifs,
Est-il déjà plus loin que l'Inde et que la Chine?
Peut-on le rappeler avec des cris plaintifs,
Et l'animer encor d'une voix argentine,
L'innocent paradis plein de plaisirs furtifs?

Moesta et Errabunda [Traurig und ruhelos]

Sag mir, dein Herz, fliegt es manchmal fort, Agathe,
Weit weg vom schwarzen Ozean der schmutzigen Stadt,
Zu einem anderen Ozean, wo der Glanz ausbricht,
Blau, klar, tief, wie die Jungfräulichkeit?
Sag mir, dein Herz, fliegt es manchmal fort, Agathe?

Das Meer, das weite Meer, tröstet uns in unseren Mühen!
Welcher Dämon gab dem Meer, der heiseren Sängerin,
Begleitet von der ungeheuren Orgel der zänkischen Winde,
Diese erhabene Wirkung einer wiegenden Mutter mit?
Das Meer, das weite Meer, tröstet uns in unseren Mühen!

Trag mich davon, Waggon! entführe mich, Fregatte!
Weit weg! weit weg! hier ist der Schmutz aus unsern Tränen gemacht!
– Ist es wahr, daß manchmal das traurige Herz Agathes
Sagt: Weit weg von den Gewissensbissen, Verbrechen, Schmerzen,
Trag mich davon, Waggon, entführe mich, Fregatte!

Wie weit weg bist du, duftendes Paradies,
Wo unter klarem Blau alles nur Liebe und Freude ist,
Wo alles, was man liebt, wert ist, geliebt zu werden!
Wo das Herz in reiner Lust ertrinkt!
Wie weit weg bist du, duftendes Paradies!

Aber das grüne Paradies der kindlichen Liebe,
Die Spaziergänge, die Lieder, die Küsse, die Blumensträuße,
Die Geigen, die hinter den Hügeln klingen,
Mit den Weinkrügen am Abend in den Lauben,
– Aber das grüne Paradies der kindlichen Liebe,

Das unschuldige Paradies, voll heimlicher Genüsse,
Ist es schon weiter weg als Indien und als China?
Kann man es zurückrufen mit Klageschreien,
Und es wiederbeleben, mit silberner Stimme,
Das unschuldige Paradies, voll heimlicher Genüsse?

La très-chère était nue, et, connaissant mon cœur,
Elle n'avait gardé que ses bijoux sonores,
Dont le riche attirail lui donnait l'air vainqueur
Qu'ont dans leurs jours heureux les esclaves des Mores.

Quand il jette en dansant son bruit vif et moqueur,
Ce monde rayonnant de métal et de pierre
Me ravit en extase, et j'aime à la fureur
Les choses où le son se mêle à la lumière.

Elle était donc couchée et se laissait aimer,
Et du haut du divan elle souriait d'aise
A mon amour profond et doux comme la mer,
Qui vers elle montait comme vers sa falaise.

Les yeux fixés sur moi, comme un tigre dompté,
D'un air vague et rêveur elle essayait des poses,
Et la candeur unie à la lubricité
Donnait un charme neuf à ses métamorphoses;

Et son bras et sa jambe, et sa cuisse et ses reins,
Polis comme de l'huile, onduleux comme un cygne,
Passaient devant mes yeux clairvoyants et sereins;
Et son ventre et ses seins, ces grappes de ma vigne,

S'avançaient, plus câlins que les Anges du mal,
Pour troubler le repos où mon âme était mise,
Et pour la déranger du rocher de cristal
Où, calme et solitaire, elle s'était assise.

Je croyais voir unis par un nouveau dessin
Les hanches de l'Antiope au buste d'un imberbe,
Tant sa taille faisait ressortir son bassin.
Sur ce teint fauve et brun le fard était superbe!

– Et la lampe s'étant résignée à mourir,
Comme le foyer seul illuminait la chambre,
Chaque fois qu'il poussait un flamboyant soupir,
Il inondait de sang cette peau couleur d'ambre!

Die Juwelen

Die Teuerste war nackt, doch legte sie nicht ab
Mir zu Gefallen ihren Schmuck von Hals und Ohren,
Der ihr mit seinem Putz das stolze Aussehn gab,
Das in der Jugend ziert die Sklavinnen der Mohren.

Wenn diese Welt aus Goldblitz und Brillantenglut
Ausstreut im Tanze ihr ironisch keckes Klingen,
Setzt sie mich in Ekstase, denn ich lieb mit Wut
All jene Dinge, drin sich Klang und Licht durchdringen.

So lag sie also auf dem Diwane, bereit
Zu lieben, ein zufriednes Lächeln um die Lippe,
Und meine Liebe, wie das Meer so süß und weit,
Schwoll über sie empor wie über eine Klippe.

Die Augen wie ein zahmer Tiger stets auf mir
Mit träumend leerem Blick, erprobt' sie neue Posen,
Und wie sich Reinheit mit der Unzucht mengt in ihr,
Erschienen zauberhafter die Metamorphosen.

Glatt, wie mit Öl gesalbt, reich wogend wie ein Schwan,
Bewegten Arm und Bein und Schenkel sich und Lenden
Vor meinen Augen, die hellsichtig alles sahn;
Und Bauch und Brüste, meines Weinbergs süße Spenden,

Kamen wie böse Engel schmeichelnd auf mich zu,
Den stillen Frieden meiner Seele zu zerschmelzen
Und sie zu stören in der Einsamkeit und Ruh,
In der sie schweigend saß auf dem kristallnen Felsen.

Mir war's, als sähe ich vereint nach neuem Plan
Hüften Antiopes mit einem Knabenrücken,
So sehr stieg von der Mitte her ihr Becken an.
Auf brauner Haut, wie war die Schminke zum Entzücken!

– Und da die Lampe schließlich auszugehn beschloß
Und das Gemach allein im Schein des Herdes ruhte,
Färbt' jeder Seufzer, den er flammend aufwärts schoß,
Den amberfarbnen Leib mit warmem, rotem Blute!

Übersetzung Sigmar Löffler

Soll ich die Analyse dieser siegreichen Monomanie weiterverfolgen, erklären, wie unter der Herrschaft des Giftes mein Held sich bald zum Mittelpunkt des Universums macht? Wie er zum lebenden und übertriebenen Ausdruck des Sprichwortes wird, welches besagt, daß die Leidenschaft aus sich selbst lebt? Er glaubt an seine Tugend und an sein Genie: Errät man das Ende? Alle Dinge der Umgebung bedeuten ebensoviel Suggestionen, die in ihm eine Welt von Gedanken erregen, farbiger alle, lebendiger, zarter als je, und strahlend im magischen Glanz. »Diese herrlichen Städte,« sagte er sich, »in denen die herrlichen Gebäude wie kulissenhaft aufgebaut sind, – diese schönen, auf den Wellen des Hafens heimwehschwer schaukelnden Schiffe, die unseren Gedanken auszudrücken scheinen: Wann reisen wir in das Glück? – diese Museen in ihrem Überfluß schöner Formen und berauschender Farben, – diese Bibliotheken, in denen die Arbeiten der Wissenschaft und die Träume der Musen sich stapeln, – diese vereinten Instrumente, die in einer einzigen Stimme singen, – diese bezaubernden Frauen, reizvoller noch durch die Kunst der Kleidung und die Sparsamkeit des Blicks, – all diese Dinge wurden für mich, für mich, für mich geschaffen! Für mich hat die Menschheit gearbeitet, hat sie gelitten, – ist sie geopfert worden, – um meinem unstillbaren Hunger nach Erregung, Wissen und Schönheit als Weide, als Pabulum zu dienen.«

Ich überspringe und kürze ab, keiner wird sich wundern, daß ein endlicher, höchster Gedanke dem Gehirn des Träumers entspringt: »Ich bin Gott geworden!«, daß ein wilder, brennender Schrei seiner Brust mit solch treibender Kraft sich entringt, daß, hätten Willen und Glauben eines trunkenen Menschen tatsächlichen Wert, dieser Schrei die Engel auf dem Wege des Himmels hinschmettern würde: »Ich bin Gott!«

Aus: Das Gedicht vom Haschisch. Übersetzung E. E. Schwabach.,

Baudelaire, Haschisch rauchend. Selbstporträt, um 1844

Das Ideal

Es werden nie diese Schönen der Vignetten sein,
Verdorbene Erzeugnisse eines nichtsnutzigen Jahrhunderts,
Diese Füße in Stöckelschuhen, diese Finger mit Kastagnetten,
Die ein Herz wie das meine befriedigen können.

Ich lasse Gavarni, dem Sänger der Bleichsucht,
Seine zwitschernde Herde der Schönen des Spitals,
Denn unter diesen bleichen Rosen find ich nicht
Eine Blume, die meinem roten Ideal gleicht.

Was dieses abgrundtiefe Herz verlangt,
Bist Du, Lady Macbeth, Seele, die des Verbrechens mächtig ist
Ein Traum von Äschylos im Land der Stürme;

Oder auch Du, große Nacht, Tochter des Michelangelo,
Die Du in sonderbarer Pose friedlich windest
Deine Reize, gestaltet für die Münder der Titanen!

Der Spleen

Es ist bitter und süß, in den Winternächten
Nah am Feuer, das flammt und raucht, zu fühlen,
Wie ferne Erinnerungen langsam aufsteigen,
Beim Klang der Glocken, die im Nebel singen.

Glücklich die Glocke mit kräftiger Kehle,
Die, trotz ihres Alters munter und gesund,
Treu ihren frommen Ruf ausschickt,
Wie ein alter Soldat, unterm Zelt auf Wache!

Ich aber, meine Seele ist gesprungen und wenn sie in ihrem Gram
Die kalte Luft der Nächte mit ihren Gesängen bevölkern will,
Geschieht es oft, daß ihre schwache Stimme

Dem Heulen eines Verwundeten ähnelt, den man vergißt,
An einem Blutsee, unter einem großen Haufen Toter,
Und der, ohne sich zu rühren, in ungeheurer Mühsal stirbt!

Spleen

Wenn der tiefe und schwere Himmel wie ein Deckel lastet
Auf dem stöhnenden Geist, der eine Beute langer Depressionen
Und er, den ganzen Kreis des Horizonts umfassend,
Uns einen schwarzen Tag herabgießt, trauriger als die Nacht;

Wenn die Erde verwandelt ist in einen feuchten Kerker,
Wo die Hoffnung wie eine Fledermaus
Die Mauern mit ihrem schüchternen Flügel schlägt
Und sich den Kopf an der verfaulten Decke stößt;

Wenn der Regen mit seinem endlosen Rinnen
Die Gitter eines riesigen Gefängnisses nachahmt
Und ein stummes Volk gemeiner Spinnen
Seine Netze im Grunde unserer Hirne ausspannt,

Springen plötzlich Glocken voller Wut
Und schleudern ein schreckliches Geheul zum Himmel,
Wie umherirrende heimatlose Geister,
Die ein hartnäckiges Gejammer anstimmen.

– Und lange Leichenwagen ohne Trommel noch Musik
Ziehen langsam durch meine Seele; die Hoffnung
Weint besiegt und die entsetzliche, despotische Angst
Pflanzt auf meinen gebeugten Schädel ihre schwarze Fahne.

Französisches Original siehe Seite 121

Oben: Eugéne Delacroix, Die Freiheit führt das Volk. Öl, 1830
Unten: Gustave Courbet, Die Barrikade. Holzstich (Februar 1848) für die Zeitschrift »Salut public«, deren Redakteur Baudelaire die Ergänzung der Fahne um die Worte »Gottesstimme – Volkesstimme« anordnete.

Zwei Berichte über Baudelaire

Wie eine Menge anderer Leute ging auch ich am 22. Februar [1848] in die Gegend der Champs-Elysées, um zu sehen, was sich dort ereignete. Ich war mit dem Musiker Promayet, mit Courbet und Baudelaire zusammen. (. . .) An uns vorbei marschierten Feuerwehrleute, die sich zur Avenue de Beaujon begaben, wo – wie es hieß – eine Handvoll Aufständischer sich überraschend eines kleinen Wachtlokals bemächtigt und es in Brand gesteckt hatte. Wenig später kamen die Feuerwehrleute zurück; sie wurden von denselben Individuen, die sie zur Umkehr gezwungen hatten, mit Steinwürfen verfolgt. Plötzlich wechselt die Szenerie. Von den Champs-Elysées her marschieren Gardisten mit aufgepflanzten Bajonetten auf, und die Unruhestifter ergreifen nun ihrerseits die Flucht. Einer von ihnen, unbewaffnet, wird von zwei Soldaten verfolgt, läuft um einen Baum herum, stolpert, fällt hin, und da, vor unseren Augen stößt ihm einer der Gardisten das Bajonett mitten in die Brust. Alle stoßen wir einen Schrei des Entsetzens aus; ein Arbeiter, der sich ebenfalls auf die Gartenmauer geflüchtet hat, bekommt eine heftige Nervenkrise, und wir – Promayet und ich – müssen ihn am Arm nach Hause an die Rue Godot-de-Mauroy führen, während sich Courbet und Baudelaire zur Redaktion der *Presse* begeben, um Emile de Girardin über diesen Akt brutaler Gewalttätigkeit zu unterrichten. Es war das erste Blutvergießen während dieser Revolution. (. . .)
Anderntags gegen dreizehn Uhr verließen wir, Champfleury, Baudelaire, Promayet und ich, das Café de la Rotonde, um wieder auf Kundschaft zu gehen. (. . .) Plötzlich vernehmen wir aus einer Seitenstraße, wenigstens hundert Meter von uns entfernt, das Geräusch eiliger Schritte, als ob Soldaten zum Angriff übergingen, dann einen wilden Feuerwechsel, Flüche, die durchdringenden Schreie von Verwundeten und Sterbenden, dann nichts mehr. Es handelte sich um eine Kompanie des 17., vom Herzog d'Au-

male geführten leichten Infanterieregiments, die eben eine Barrikade gestürmt hatte, und dies nicht ohne eigenes Blut auf jener Straße vergossen zu haben, die ich später ausfindig zu machen versuchte. (. . .) Endlich erreichen wir den Boulevard du Temple. Zur gleichen Zeit wird der Rücktritt des Ministeriums Guizot angekündigt. Da nimmt also der Bürgerkrieg ein Ende, bevor er nur angefangen hat! Welche Freude! Was für ein unbeschreibliches Schauspiel. (. . .) Zeit meines Lebens habe ich keine derart überbordende Begeisterung gesehen . . .

Es war schon bald neun Uhr, als wir auf die *rive gauche* zurückkehrten. Baudelaire erbot sich, mir, wie er sich gern ausdrückte, beim Abendessen Gesellschaft zu leisten; er war begeistert von dem, was er während der zwei Tage gesehen hatte: der Beginn des Dramas war bei ihm auf größtes Interesse gestoßen, weniger gefiel ihm allerdings die Lösung, er fand, der Vorhang sei zu früh gefallen; nie hatte ich ihn, der es nicht gewohnt war, weit zu gehen, fröhlicher, flinker und unermüdlicher gesehen. Seine Augen funkelten. Nach dem Essen begeben wir uns zur *Rotonde,* und in diesem, an den vorangegangenen Abenden so belebten Kaffeehaus finden wir Courbet, ganz allein mit einem Bockbier und nur in Gesellschaft seiner Pfeife. Die Nacht war entsetzlich schwarz, und unheilvolle Stille beherrschte das ganze Stadtviertel. Mit einemmal ertönt Sturmgeläute, zunächst von der Saint-Séverin-Kirche, dann von Saint-Etienne du Mont und Saint-Sulpice. Ein Passant eilt vorüber und schreit mit einer Stimme, die uns vor Schreck erstarren läßt: »Zu den Waffen! Man bringt unsere Brüder um . . .« Wir stürzen auf die Straße hinaus, niemand, der uns Auskunft geben könnte, doch Saint-Sulpice läutet noch immer, und eilig schlagen wir diese Richtung ein, ungeachtet der Gefahr, daß wir uns bei dieser Dunkelheit den Hals brechen könnten. Die Glocke verstummt, und in dem Augenblick, da wir auf den Kirchplatz kommen, schlägt über unsern Köpfen ein Kugelhagel in eine Hausmauer ein, wir machen kehrt und laufen noch schneller, als wir hergeeilt sind, wieder zurück. Als die Stadtgardisten der Rue de Tournon die Sturmglocke so nah bei sich hatten läuten hören, kamen sie herbeigerannt, bedrohten die Glöckner mit vorgehaltenen Bajonetten, und als sie unter dem Portal Stellung bezogen hatten, eröffneten sie das Feuer, sobald sie Schritte hörten, die sich ihnen näherten. Mehr als einer, sagte man anderntags, habe diese Wahnsinnstat mit dem Leben bezahlt. Sie wußten sich vom Volk verachtet und wurden auf Schritt und Tritt angepöbelt; seit zwei Tagen waren sie am Ende ihrer Kräfte. Das waren keine Menschen mehr, sondern wilde Tiere. (. . .)

Ich bin vor Müdigkeit wie erschlagen und gänzlich erschöpft nach all diesen Aufregungen; ich entschließe mich, nach Hause zu gehen; es ist bald drei Uhr morgens. Erst um neun Uhr wachte ich auf, ich ziehe mich hastig an und gehe auf die Straße hinunter. Vor meiner Tür erhebt sich eine Barrikade, eine andere bei der Einmündung der Rue Taranne, eine weitere in der Rue Jacob; das ganze Stadtviertel ist verbarrikadiert. Am Carrefour de Buci stoße ich auf Baudelaire und Barthet; beide sind mit Jagdgewehren bewaffnet, bereit, das Feuer zu eröffnen – hinter einer Barrikade, die sie erst bis zum Gürtel abdeckt.

Aus: Charles Toubin, Souvenirs d'un septuagénaire; aus dem unveröffentlichten Manuskript übersetzt von F. Ph. Ingold. In: Baudelaire im Urteil seiner Zeitgenossen. Frankfurt 1969.

Baudelaire nahm 1848 als Aufständischer an den Junitagen teil. Chennevières und ich waren während der Junitage bei der Louvrewache geblieben. Gleich nachdem sich der Faubourg Saint-Antoine ergeben hatte, [am 26. Juni 1848], gingen wir los, auf Suche nach Neuigkeiten und Informationen. Im Garten des Palais Royal trafen wir einen Nationalgardisten aus unserer Heimatgegend; wir nahmen ihn mit, um ein Glas zu trinken. Auf dem Weg zum Café de Foy kamen uns zwei Leute von ganz verschiedenem Aussehen entgegen: der eine war nervös, erregt, fiebrig, voller Unruhe; der andere ruhig, fast unbekümmert. Es waren Baudelaire und Dupont. Wir betraten das Café. Ich hatte Baudelaire nie in einem solchen Zustand gesehen. Er hielt wilde Reden, anmaßend und schwülstig, er prahlte und tobte, er wollte zum Märtyrer werden: »Gerade ist de Flotte festgenommen worden«, sagte er, »etwa weil seine Hände nach Pulver rochen? Hier, riecht an meinen!« Dann kamen sozialistische Brandreden, die Verherrlichung des Zusammenbruchs der Gesellschaft usw. Dupont konnte nichts dagegen tun. Wie holte unsere normannische Schläue unseren Freund aus dieser fatalen Situation heraus? Ich kann mich nicht mehr genau daran erinnern. Aber ich glaube, daß bei dieser kleinen Komödie der Rettung die Kokarde meines Freundes, des Nationalgardisten, eine stumme, deutliche und heilsame Rolle spielte.

Was man auch vom Mut Baudelaires gedacht haben mochte, an diesem Tage war er tapfer und hätte sein Leben gegeben.

Gustave LeVavasseur, in: Eugéne Crépet, Baudelaire. Paris 1906

Ernest Meissonier, Die Barrikade. Öl, 1848. – Baudelaire schrieb 1863, es sei »das beste Bild von Meissonier«. Meissonier, Capitaine der Nationalgarde, hatte hier gemalt, was er nach dem Kampf am Rathaus von Paris am 24. und 25. Juni 1848 gesehen hatte.

Überlegungen zum Verhältnis von Kunst und Geschichte

Bilder der Lust – *Feenpaläste, Prunkgemache, Kindheitsparadiese,* der Tanz der nackten Geliebten und schließlich die Euphorie im Drogenrausch, bis hin zur ›Gottwerdung‹ – stehen in Baudelaires Dichtung neben Bildern der Angst: der Verwundete verröchelt unter Leichenhaufen, der Eingekerkerte wird von Schreckensvisionen überwältigt. Phantasien eines Dichters in der Mansarde.

Ein ganz anderer Baudelaire tritt uns in den beiden historischen Berichten entgegen. Welche Beziehung besteht zwischen dem Träumer und dem Barrikadenkämpfer? Die zitierten Gedichte und das Prosastück wurden zwischen 1851 und 1858 veröffentlicht, die historischen Ereignisse fanden 1848 statt. Stehen hinter den Kriegsbildern der beiden ›Spleen‹-Gedichte und dem Aufruhr von ›Pariser Landschaft‹ Erinnerungen an 1848? Sind die Glocken aus den drei Gedichten die Glocken des Februarberichts?

Eine Geschichte deutet sich an: Baudelaire nahm an den Aufständen teil, erlebte den Schock der Niederlage vom Juni 1848, wandte sich dann von der politischen Realität völlig ab und zog sich in die Mansarde zurück, die Phantasiewelt, den Traum der Paradiese. Doch die Erinnerungen an 1848 tauchten wieder auf – als Depressionen und Angstvisionen; auch die erotischen Wunschbilder können von den Erfahrungen des Jahres 1848 her verstanden werden: Einerseits flieht der Traumatisierte zurück zur Kindheit (*kindliche Idylle,* die *kindliche* Frau, die *Kindheitsparadiese*) und einem solchen Träumer *kindlicher Unschuld* muß die reale und nackte Geliebte Angst einflößen. Andererseits wünscht sich der einstige Barrikadenkämpfer eine mächtige Mitstreiterin (›Das Ideal‹), die sich jedoch in Stunden der Melancholie gegen ihn selbst wendet (das zweite ›Spleen‹-Gedicht). Delacroix' Symbol der Freiheit und Revolution verwandelt sich in eine Furie der Angst, ebenso wie Courbets Barrikade (siehe S. 21) des siegreichen Februar (die sich an Delacroix' Bild anlehnt) durch Meissoniers Barrikade (siehe S. 25) des Juni ersetzt wird. Daß selbst in den Drogenrausch die Politik hineinspielt, zeigt Baudelaires Selbstportrait, mit dem er sich als Übertrumpfung Napoleons darstellt; er überragt die Vendômesäule[1] um mehr als das Doppelte.

Ein Labyrinth von Bezügen, von rätselhaften Verstrickungen deutet sich an. Warum verleugnete Baudelaire seine wirklichen Erfahrungen, warum führte er uns eine irreale Gegenwelt der Kunst und des Traumes vor, in der die Politik nur noch als phantastischer Reflex erscheint?

Aber vielleicht ist diese mögliche Geschichte nicht die tatsächliche, sondern nur die Phantasie eines naiven Lesers, der Kunst und Wirklichkeit verwechselt? Gehörte es vielleicht zur Eigentümlichkeit der Dichtung jener Zeit, daß politische Ereignisse und Erfahrungen in ihr nicht dargestellt wurden? War Dichtung ein Bereich mit eigener, durch die Tradition festgelegter Thematik? In ›Pariser Landschaft‹ will Baudelaire ja *Hirtenlieder* (Eklogen) schreiben, in ›Das Ideal‹ und ›Die Juwelen‹ stellt der Dichter seine Gefühle mittels bereitliegender Elemente aus der Geschichte der Kunst dar; auch das realistisch wirkende Motiv des Dichters in der Mansarde[2] war seit Gautier und Balzac zum Klischee geworden.

Nicht alle Leser werden die Frage nach dem Zusammenhang zwischen den Gedichten und der geschichtlichen Wirklichkeit überhaupt als die zentrale Perspektive akzeptieren. Es gibt (immer noch und schon wieder) Ästheten, für die die Kunst ein eigenes Reich des schönen Scheins ist, dessen Bezug zur Realität als irrelevant oder sogar als störend empfunden wird; und es gibt Marxisten, für die diese Gedichte eine ganz unklare und daher eigentlich überflüssige Spiegelung der ökonomisch-gesellschaftlichen Realität sind, die auf andere Weise viel klarer erkannt und damit verändert werden kann, sodaß die Beschäftigung mit solcher Art von Poesie nur Zeichen eines eitlen Subjektivismus ist. Wie wichtig aber die Frage nach dem Zusammenhang zwischen Kunst und Wirklichkeit gerade in diesem Falle ist, ergibt sich daraus, daß die moderne Dichtung großenteils von Baudelaire ausgeht und daß der Juni 1848 der erste große Arbeiteraufstand der Geschichte war, der Vorbote von 1871 und 1917; sein Scheitern führte zur Verkümmerung der historischen Dimension im Bewußtsein der bürgerlichen Schriftsteller und zur Ausbildung jenes Syndroms der Entfremdung, einer Mischung aus Introversion und Protest, aus dem die meisten der bedeutenden Kunstwerke der Avantgarde in den nachfolgenden hundert Jahren entstanden.

Der nun folgende Teil enthält drei Kapitel: Im ersten eine knappe, gleichwohl dem Anspruch nach repräsentative Auswahl der ›Blumen des Bösen‹, aus jenem Gedichtbuch, durch das Baudelaire berühmt wurde. Es geht hier vor allem darum, Baudelaires ästhetische Welt und die Gesamtkonzeption des Bandes sichtbar zu machen, da es sich nicht um eine zufällig zusammengestellte Gedichtsammlung handelt, sondern um ein Buch mit einer bewußt konstruierten Architektur, aus der sich der Sinn der einzelnen Stücke ergibt. (Die Gedichte S. 10–20 stammen aus diesem Band und sind dort einzuordnen[3]). Ich stelle dabei nicht die üblicherweise bekannte zweite Auflage von 1861 vor, sondern die erste Auflage von 1857, deren Gesamttendenz der späteren Konzeption völlig entgegengesetzt ist und Baudelaires Wendung nach 1851 deutlich macht.

Im zweiten Kapitel wird versucht, Baudelaires Epoche, die Erfahrungen, die in ihn eingeströmt waren, die die reale Grundlage der ästhetischen Gebilde ausmachen, zu rekonstruieren.

Das dritte Kapitel enthält eine Reihe von Gedichten, die in der zweiten Auflage der ›Blumen des Bösen‹ (1861) hinzugefügt wurden, sowie eine Auswahl aus den Prosagedichten des ›Spleen von

Paris‹, dem weniger bekannten und noch weniger verstandenen Spätwerk, wo Baudelaire aus seiner früheren Kunstwelt heraustritt und sich mit der Wirklichkeit konfrontiert: womit Baudelaire selbst eine realistische, historische Interpretation seiner ›Blumen des Bösen‹ gibt.

Im Schlußteil des Buches wird eine genaue Lektüre von ›Spleen‹ (›Wenn der Himmel . . .‹ s. S. 20) versucht, um die Gesetzmäßigkeiten eines Baudelaireschen Gedichtes vorzuführen. Die Frage nach der Bedeutung des Gedichts führt zur Frage nach der Entstehung dieser Bedeutung; um das Problem der Beziehung zwischen Kunst und Geschichte zu lösen, ist es notwendig, die Widerspiegelungstätigkeit und somit die Psyche des Widerspiegelers zu erforschen. Die Neugier, die auf diese Weise ins Labyrinth der Geschichte und der Seele eindringt, wird einen sehr aktuell wirkenden Baudelaire auffinden, von dem Michel Butor mit recht (am Ende seines Baudelairebuches, dem wichtigsten Beitrag zum Verständnis dieses Dichters seit den Arbeiten von Walter Benjamin) sagte, daß die Beschäftigung mit Baudelaire zugleich eine Beschäftigung mit uns selbst sei.

Durch den Aufbau des Buches versuche ich, eine typische Leseerfahrung darzustellen. Reiz und Rätsel einiger zufällig gelesener Gedichte, in Verbindung mit einem Blick auf den geschichtlichen Hintergrund, lassen ein Interesse entstehen, das zu einer weiteren, nun umfangreichen und systematischen Lektüre des berühmten poetischen Werkes führt; dessen Faszination und Fremdartigkeit erzeugen ein Bedürfnis nach Erforschung der Wirklichkeit, mit deren Hilfe das ästhetische Gebilde verstanden werden kann. Es zeigt sich nun ein gewisses Beziehungsgeflecht, eine Parallelität zwischen Kunst und Realität; die Lektüre des Spätwerks eröffnet überraschende Perspektiven: Die Phantasiewelt muß aus der politischen Wirklichkeit entstanden sein, doch wird dieser Vorgang nicht genau erkennbar, die beiden Dimensionen bleiben noch getrennt. So ist es schließlich notwendig, in einem letzten Teil die ästhetische Welt in ihrer Schichtung wie in ihrer Dynamik zu analysieren, um zur Erkenntnis der Arbeit der Phantasie zu gelangen. Die Anstrengung der Reflexion und Konstruktion des Lesers erfaßt damit den Prozeß, in dem sich das poetische Subjekt entfaltete und gestaltete, ein Prozeß, der vom Leser reproduziert, ja eigentlich erst produziert wird: mit Hilfe seiner Kenntnisse und Erfahrungen, *wodurch sich der Leser selbst zum poetischen Subjekt macht*.

Eine Traumwelt voller Kämpfe: »Die Blumen des Bösen« (1857)

Segen

Erscheint, nach einem Spruch der hohen Schicksalsmächte,
In unsrer Welt, die all das langweilt, der Poet,
Entsetzt die Mutter sich, und die geballte Rechte
Hebt lästernd sie zu Gott auf, der ihr Leid versteht:

–»Wär ich von einem Schwarm von Vipern doch entbunden,
Statt daß ich säugen muß dies lächerliche Ding!
Verflucht sei jene Nacht der kurzen Wonnestunden,
In der mein Leib die eigne Züchtigung empfing!

Da du mich auserwählt hast unter allen Frauen,
Ein Abscheu nun zu sein für den vergrämten Mann,
Und da ich doch auch nicht dies krüppelhafte Grauen
Wie einen Liebesbrief ins Feuer werfen kann,

So will ich deinen Haß, der mich zerdrückt, rücklenken
Aufs Werkzeug hin, mit dem mich deine Bosheit schlägt,
Und dieses elende Gewächs so gut verrenken,
Daß nie es seine pestverseuchten Blüten trägt!«

So schluckt sie also in sich ihres Hasses Geifer,
Und ohne Ahnung von des hohen Himmels Rat
Baut sie im Höllenpfuhl sich selber voller Eifer
Den Holzstoß für die mütterliche Greueltat.

Doch das enterbte Kind freut sich am Sonnenschimmer.
Ein Engel hütet es und bleibt unsichtbar nah,
Und was es ißt und was es trinkt, ihm wird es immer
Zu purpurnem Nektar und zu Ambrosia.

Es lacht der Wolke zu, es tändelt mit dem Winde
Und singt, berauscht vom Weg des Kreuzes, sich ein Lied.
Der Genius, der stets ihm folgt, dem Pilgerkinde,
Weint, wenn er es so froh wie einen Vogel sieht.

Sie, die der Knabe lieben möchte, schaun erschrocken
Auf ihn; bald aber dreist gemacht durch seine Ruh,
Suchen sie ihm ein Wort der Klage zu entlocken
Und setzen ständig ihm mit ihrer Rohheit zu.

Sie mischen Asche in sein Brot hinein und speien
Ihm Unrat in den Wein, den er zum Munde führt.
Sie stellen ihm ein Bein und bitten um Verzeihen
Und werfen heuchlerisch hinweg, was er berührt.

Sein Weib läuft schreiend auf den öffentlichen Plätzen:
– »Da ich ihm schön genug für seine Liebe war,
Will ich wie ein Idol von einst mich niedersetzen,
Und er soll mich in Gold einfassen ganz und gar.

Ich will in Weihrauch mich, in Narde, Myrrhe sühlen,
In Kniebeugungen, Wein und Fleisch, und sehn, ob man
Ein Herz, das danach drängt, Bewunderung zu fühlen,
Lachend zu göttlicher Anbetung zwingen kann!

Und wenn die Possen mir zuletzt nicht mehr gefallen,
Leg ich die zarte und kraftvolle Hand auf ihn,
Und meine Nägel, scharf wie die Harpyienkrallen,
Sie wissen eine Bahn bis an sein Herz zu ziehn.

So wie ein Vögelchen, das angstvoll zuckt und zittert,
Das rote Herz, ich reiß es aus der Brust heraus,
Und meinem Lieblingstier, das schon die Beute wittert,
Werf ich's verächtlich auf die Erde hin zum Schmaus!«

Zum Himmel oben reckt, zum lichten Göttersitze,
Der heitere Poet die Arme fromm empor,
Und seines hellen Geists fernhingesandte Blitze
Entrücken seinem Blick den wilden Pöbelchor:

– »Gesegnet seist du, Herr, der uns das Leiden sendet
Als göttliche Arznei für unsre Niedertracht,
Das, als der beste und der reinste Trunk gespendet,
Die Starken würdig für die Himmelswonnen macht.

Ich weiß, dem Dichter wirst du einen Platz bewahren
In heiliger Legion glückseligem Verein,
Du lädst zum ewgen Fest der hohen Engelsscharen,
Der Throne, Herrschaften und Tugenden, ihn ein.

Ich weiß, Leid ist der einzge Adel aller Zeiten,
Den nicht die Erde, nicht die Hölle je bedroht,
Und um den mystischen Kronreif mir zu bereiten,
Ist Zins von jeder Welt und allen Zeiten not.

Jedoch Palmyras längst verschollene Juwelen,
Die Perlen aus dem Meer, Metall, das niemand kennt,
Von deiner Hand gefügt, sie würden trüb nur schwelen
In diesem Diadem, das rein und blendend brennt.

Denn es besteht aus nichts sonst als dem lautren Lichte,
Das aus dem heilgen Herd der ersten Strahlen rinnt,
Von dem die Augen in dem Menschenangesichte
Nur jämmerliche, blind gewordne Spiegel sind!«

Übersetzung Sigmar Löffler

Entsprechungen

Die Natur ist ein Tempel, wo lebendige Pfeiler
Manchmal wirre Worte aus sich entlassen;
Der Mensch geht dort durch Wälder von Symbolen,
Die ihn mit vertrauten Blicken betrachten.

Wie lange Echos, die sich in der Ferne vermischen
In einer dunklen und tiefen Einheit,
Weit wie die Nacht und wie die Helligkeit,
Antworten sich die Düfte, die Farben und die Töne.

Es sind Düfte frisch wie Kinderfleisch,
Sanft wie Oboen, grün wie Wiesen,
– Und andere, faulig, reich und triumphierend,

Die die Ausdehnung der unendlichen Dinge haben,
Wie das Ambra, der Moschus, das Benzoe und der Weihrauch,
Die die Verzückungen des Geistes und der Sinne singen.

Geistige Morgenröte

Wenn bei den Wüstlingen der Morgen, weiß und purpurrot,
Eintritt, zusammen mit dem bohrenden Ideal,
Erwacht, als Eingriff eines rächenden Mysteriums,
Im schlafbetäubten Tier ein Engel.

Der geistigen Himmel unnahbares Blau
Öffnet sich und wird tiefer wie der Sog des Abgrunds,
Dem hingestreckten Menschen, der noch träumt und leidet.
So, liebe Göttin, leuchtendes und reines Wesen,

Gaukelt auf schwelenden Resten dumpfer Orgien
Deine Erinnerung, heller, rosiger, zauberischer,
Unaufhörlich vor meinen Augen, die sich weiten.

Die Sonne hat das Licht der Kerzen schwarz gemacht;
So gleicht dein Traumbild, siegreich immer,
Strahlende Seele, der unsterblichen Sonne!

Plauderei

Du bist des schönen Herbsttags reine Rosenflamme!
Jedoch die Trauer in mir kommt wie Meerflut hoch
Und läßt rückebbend auf verdroßner Lippe noch
Den scharfen Nachgeschmack von ihrem bittren Schlamme.

– Umsonst schlüpft deine Hand die müde Brust herauf.
Die Stelle, die sie sucht, Geliebte, ist zerrissen
Vom Tatzenhieb des Weibs, von seinen Raubtierbissen.
Such nur mein Herz nicht mehr; die Bestien fraßen's auf.

Mein Herz ist ein Palast, durchdröhnt von Pöbelkehlen,
In dem man säuft, sich totschlägt, bei den Haaren nimmt!
– O welch ein Duft um deinen nackten Busen schwimmt!. . .

Schönheit, du willst es, harte Geißel unsrer Seelen!
Mit deinen Feueraugen, strahlend wie ein Fest,
Verbrenn, was mir die Tiere ließen, diesen Rest!

Übersetzung Sigmar Löffler

Der Vampir

O du, die wie ein Messerstoß
Ins Herz mir fuhr, das schmerzlich wimmert,
O du, die herkam, zügellos,
Stärker als Teufel, schmuckumschimmert,

Aus meinem elenden Verstand
Ihr Reich zu machen und ihr Bette,
– Du Schandweib, das mich festgebannt
So wie den Sträfling an der Kette,

So wie den Spieler an der Sucht,
So wie den Trinker an dem Glase,
So wie die Maden an dem Aase,
– O sei verflucht du! sei verflucht!

Ich bat das Schwert oft, das behende,
Mich von der Knechtschaft zu befrein,
Ich rief das falsche Gift am Ende,
Mir Feigling Beistand zu verleihn.

Doch leider, Gift und Schwert, sie lachten
Mich höhnisch aus und sagten bloß:
»Was nützt es, wenn wir frei dich machten
Von dem verfluchten Sklavenlos?

Schwachkopf! – Wenn wir aus seinem Reiche
Dich auch erlösten mit Gewalt,
Mit Küssen würdest du alsbald
Erwecken deines Vampirs Leiche!«

Übersetzung Sigmar Löffler

Der Spleen

Der Regenmonat, auf die ganze Stadt erbost,
Gießt finstere Kälte in großen Güssen aus seiner Urne
Auf die bleichen Bewohner des nahen Friedhofs,
Das Sterben auf die nebligen Vorstädte.

Mein Hund, der auf dem Steinboden eine Streu sucht,
Bewegt ruhelos seinen mageren räudigen Körper;
Der Schatten eines alten Dichters irrt in der Dachrinne umher
Mit der traurigen Stimme eines frierenden Gespensts.

Die große Glocke jammert und das rauchige Scheit
Begleitet im Falsett die heisere Standuhr,
Während in einem Kartenspiel voll schmutziger Gerüche,

Fatales Erbe einer wassersüchtigen Alten,
Der schöne Herzbube und die Piquedame
Schaurig von ihrer toten Liebe plaudern.

Lesbos

Lesbos wo küsse wie wasser des wildbaches schnellen
Der ohne bangen in grundlose schluchten lief
Dann sich windet in pochenden schluchzenden wellen
Stürmisch und heimlich emsig wimmelnd und tief
Lesbos wo küsse wie wasser des wildbaches schnellen.

Um das geheimnis der knospenden mädchen zu singen
Hatte mich Lesbos auf erden vor allen bestimmt
Mich schon von kind auf bekannt mit den finsteren dingen
Heller gelächter drin schmerzliche träne schwimmt –
Um das geheimnis der knospenden mädchen zu singen.

Strophe 2 und 9. Übersetzung Stefan George[1]

Die Verleugnung des heiligen Petrus

Was macht Gott eigentlich mit dieser Flut der Flüche,
Die Tag für Tag zu seinen Seraphim aufbrüllt?
Wie ein Tyrann mit Fleisch und Weinen überfüllt,
Entschlummert er beim holden Klang der Lästersprüche.

Wenn Märtyrer und Opfer schluchzen himmelan,
Wird's wohl als wonnig süße Symphonie genossen,
Da trotz des Bluts, das seiner Wollust schon geflossen,
Der Himmel sich noch immer nicht genug betan!

– Ach, Jesus! Denk an den Olivenhain am Berge,
Wo deine Einfalt kniend im Gebete rang
Vor ihm, der droben lachte bei der Nägel Klang,
Die ins lebendge Fleisch eintrieb ein roher Scherge!

Als du dann sahst, wie die gemeine Wächterschar
Und dieses Küchenvolk auf deine Gottheit spuckte,
Und als dann unterm Stich der langen Dornen zuckte
Dein Schädel, darin doch die ganze Menschheit war,

Als deine überdehnten Arme sich verrenkten
Von des zerbrochnen Leibs entsetzlichem Gewicht
Und Blut und Schweiß floß ins erbleichende Gesicht.
Als sie vor alle hin dich als Zielscheibe hängten,

Kam damals dir das Glück der Tage in den Sinn,
Da sich die ewigen Verheißungen erfüllten,
Da auf dem Weg, den Blumen und Gezweig verhüllten,
Du ankamst, reitend auf der sanften Eselin?

Da du, das tapfre Herz durchstrahlt vom Hoffnungsglanze
Gingst peitschenschwingend mit den Händlern ins Gericht,
Da endlich du der Herr warst? Hat die Reue nicht
Die Seite dir durchbohrt schon lange vor der Lanze?

–Was mich betrifft, so werd ich fortgehn sicherlich
Sehr gern von einer Welt, wo Tat und Traum sich meiden.
Könnte das Schwert ich ziehn, durchs Schwert den Tod erleiden!
Petrus verleugnet Jesus. . .er hat recht, sag ich!

Übersetzung Sigmar Löffler[2]

L'Ame du vin

Le soir, l'âme du vin chante dans les bouteilles:
»Homme, je pousserai vers toi, mon bien-aimé,
Sous ma prison de verre et mes cires vermeilles,
Un chant plein de lumière et de fraternité.

Je sais combien il faut, sur la colline en flamme,
De peine, de sueur et de soleil cuisant,
Pour engendrer ma vie et pour me donner l'âme.
Mais je ne serai point ingrat ni malfaisant;

Car j'éprouve une joie immense quand je tombe
Dans le gosier d'un homme épuisé de travaux;
Et sa poitrine honnête est une chaude tombe
Où je me plais bien mieux que dans mes froids caveaux.

Entends-tu résonner les refrains des dimanches
Et l'espoir qui gazouille en mon sein palpitant?
Les coudes sur la table, et retroussant tes manches,
Tu me glorifieras, et tu seras content.

J'allumerai les yeux de ta femme attendrie;
A ton fils je rendrai sa force et ses couleurs,
Et serai pour ce frêle athlète de la vie
L'huile qui raffermit les muscles des lutteurs.

En toi je tomberai, végétale ambroisie,
Comme le grain fécond tombe dans le sillon,
Et de notre union naîtra la poésie,
Qui montera vers Dieu comme un grand papillon.«

Die Seele des Weins

Am Abend fing des Weines Seele an zu singen:
»Aus meinem Glasgefängnis, durch die Siegelschicht,
Zu dir, oh Mensch, du mein Geliebter, will ich dringen
Mit einem brüderlichen Lied erfüllt von Licht.

Ich weiß, wieviel es kostet auf dem Flammenhügel
An Müh und Schweiß und kochend heißer Glut,
Die mir das Leben gibt und meiner Seele Flügel.
Doch werd ich dankbar sein und was ich tu, ist gut.

Denn Freude ohne Maß empfind ich, wenn ich falle
In eines abgeplagten Mannes Schlund hinab,
Und seine brave Brust ist lieber mir als alle
Die kalten Keller, denn sie ist ein warmes Grab.

Das Lied des Sonntags, hör, in mir klingt's wider,
Die Hoffnung zwitschert mir im Puls der Brust!
Die Ärmel aufgekrempelt, Ellbogen auf dem Tische nieder,
Wirst du mich rühmen in zufriedner Lust.

Die Augen deiner Frau mach strahlend ich und heiter,
Und deinem Sohne schenk ich Wangenrot und Kraft.
Ich will für diesen noch so zarten Lebensstreiter
Das Öl sein, das der Kämpfer Muskeln strafft.

In dich hinunter will ich wie Ambrosia fließen,
So wie das Saatkorn, das die Furche gern empfing,
Und unserem Bunde wird die Poesie entsprießen,
Sie steigt zu Gott als großer Schmetterling!«[3]

Der Wein der Lumpensammler

Oft beim düsteren Licht der Straßenlaternen,
Die der Nachtwind in ihren Gläsern quält,
In der Tiefe jener trüben, verschlungenen Viertel,
Wo die frierenden Familien zu Tausenden brodeln,

Sieht man einen Lumpensammler daherkommen, kopfschüttelnd,
Stolpernd und an die Mauern stoßend wie ein Dichter,
Und ohne um die finsteren Spitzel sich zu kümmern,
Schüttet er sein Herz aus in die stille Luft.

Ja, diese Leute, geplagt von häuslichen Sorgen,
Zerschlagen von der Arbeit und gequält vom Alter,
Den Rücken gebeugt und zerschunden unter der Last der Abfälle
Und der fauligen Misthaufen, die Paris auswirft,

Kehren zurück, vom Geruch der Fässer duftend,
Befehlen eine Armee und gewinnen Schlachten.
Sie schwören, ihr Volk für immer glücklich zu machen
Und folgen zu Pferde ihrem ruhmreichen Schicksal.

So rollt durch die leichtsinnige Menschheit
Der Wein sein Gold wie ein neuer Paktol.
Durch die Kehle des Mannes singt er seine Heldentaten,
Und durch seine Wohltaten herrscht er wie die wahren Könige.

Damit er die Herzen besänftige und die Leiden stille
Aller Unschuldigen, die schweigend sterben,
Hatte Gott ihnen schon den süßen Schlaf gegeben:
Er fügte den Wein hinzu, den heiligen Sohn der Sonne.[4]

Der Tod der Armen

Es ist der Tod, der tröstet und der Tod läßt leben,
Er ist das Ziel des Lebens und die einzige Hoffnung,
Die wie ein Elixir uns kräftigt und berauscht
Und uns den Mut gibt, bis zum Abend hinzugehen;

Durch Sturm und Schnee und Frost
Ist er die strahlende Lampe an unserm schwarzen Horizont.
Er ist der Gasthof, der im Buch gerühmt wird,
Dort wird man essen können, schlafen und sich niedersetzen.

Er ist ein Engel, der in seinen Zauberfingern
Den Schlaf hält und die Träume voll Verzückung,
Und der das Bett der armen, nackten Leute macht;

Er ist der Ruhm der Götter, die geheime Scheune,
Er ist der Schatz des Armen und seine alte Heimat,
Er ist das offene Tor zu unbekannten Himmeln![5]

Charles Baudelaire
Karikatur von
Nadar (1854)

Das Drama der Klassenkämpfe in Frankreich 1848–1851

Die Vorbereitung

Die »Blumen des Bösen« sind (in der 1. Auflage) in fünf Kapitel eingeteilt, deren Abfolge in Nachahmung Dantes den Weg der Seele und zugleich den imaginären Lebenslauf des Dichters darstellt. Am Anfang steht die Sehnsucht nach dem *Ideal,* ein Wort, das für Baudelaire mit Vorstellungen des Hohen, des Göttlichen, des Mächtigen, mit Gefühlen lustvoll-euphorischer Ausweitung verbunden ist; das *Ideal* hat oft eine stark religiöse Färbung, eine Tendenz zur moralischen Forderung (*Geistige Morgenröte*). Der Weg führt dann in die Sphäre des *Spleen*, der das Niedere repräsentiert, einen verabscheuten Bereich innerer Zwänge, des Hasses und der Depression, die als Wirkung Satans verstanden wird. Diese Verführung durch Satan manifestiert sich sodann in der absoluten und tabuisierten Liebe (»Blumen des Bösen« mit »Lesbos«) und in der »Revolte«. Danach wendet sich die Seele (in den Kapiteln »Der Wein« und »Der Tod«) wieder zu Gott: Baudelaire versteht sich, fromm und demütig, im Jahre 1857 – in der industriellen Revolution, mitten im Hochkapitalismus – im Rahmen eines sehr alten, letztlich mittelalterlichen, religiösen Ideengebäudes. Diesen Widerspruch gilt es transparent zu machen durch Erforschung der Wirklichkeit, aus der er entstand.

Zu fragen ist nach der allgemeinen gesellschaftlichen Entwicklung als Matrix der Ideen und sodann nach dem individuellen Lebensweg Baudelaires: wie die allgemeinen historischen Ereignisse in diese Biographie eingriffen, wie sie zu *Baudelaires* Erfahrungen wurden, die er auf *seine* Weise verarbeitete, wie und warum die Irrealität seiner Gedichte aus solcher Realität entstand.

Das Studium der Geschichte ergibt, daß Baudelaire Zeitgenosse eines historischen Dramas war, das als riesenhaft erlebt wurde: Man empfand den Februar 1848 als »eine weltgeschichtliche Tat, womit die neue Epoche eröffnet sei« (Marx; MEW 8, 117). Der Juni 1848 brachte die »ungeheure Insurrektion« (MEW 7, 31), »das kolossalste Ereignis in der Geschichte der europäischen Bürgerkriege« (MEW 8, 122). Der Staatsstreich vom 2. Dezember 1851 war »ein Blitzstrahl aus heiterm Himmel« (MEW 8, 119), er beendete die Zweite Republik. – Das Studium von Baudelaires Biographie ergibt, daß er an allen drei Akten dieses Dramas als aktiv Handelnder teilnahm. Seine Äußerungen dazu sind freilich äußerst spärlich – hier beginnen die Rätsel. Glücklicherweise gibt es jedoch die Arbeiten von Marx und Engels über die Zweite Republik (und sie passen zu Baudelaires Äußerungen in frappierender Weise), so daß die Bedeutungsdimensionen der Ereignisse, die Baudelaire erlebte, formuliert sind und zwar in ihrem extremen, d.h. wahren Ausmaß: Hier sind die Begriffe, hier ist die Perspektive, worin Baudelaire verstanden werden muß.

Bei der Rekonstruktion dieses Dramas lasse ich nicht die Darstellung des Individuums auf die der Gesellschaft folgen (wie meist üblich), sondern bringe eine von Kommentaren begleitete Textmontage: Historische Texte, die die allgemeine Lage und die jeweiligen Ereignisse darstellen, kritische Analysen zu diesen Ereignissen und als Zentrum »Le Salut public« und den Dupont-Aufsatz; diese beiden Texte lösen das Problem des Widerspiegelungsprozesses (des Problems von Irrealität und Realität) auf halbem Wege, indem sie Baudelaires Reaktion auf diese Realität sind, als er noch unmittelbar und direkt erkennbar auf sie reagierte (reagieren konnte), also bevor sich der Vorhang über die Tragödie der Zweiten Republik gesenkt hatte, der ihm und uns die Dinge zu Rätseln machte. Im übrigen habe ich versucht, in der detektivischen Manier der Archeologen den Verlauf der Februar- und Junitage im Hinblick auf Baudelaire auszugraben – man muß *sehen,* was geschah – was vor allem durch den glücklichen Zufall möglich ist, daß Toubin und LeVavasseur ihre Dokumente verfaßten. Zu erwähnen ist hier, daß »Le Salut public«, der wichtigste Text zum Verständnis Baudelaires, so gut wie unbekannt ist (da er in den üblichen Baudelaireausgaben nicht enthalten ist), was bei der bürgerlichen Geistesgeschichte nicht verwundert; merkwürdig freilich ist es, daß weder Benjamin noch Butor noch auch Sartre (in seinem »Baudelaire« von 1947), die doch den politischen Baudelaire suchten, darauf eingegangen sind und daß sie außerdem LeVavasseurs Text nicht wahrgenommen haben: Die »ungeheure Insurrektion«, *deren Resurrektion Baudelaires Werk darstellt,* blieb verborgen.

Baudelaires Jugend fiel in die Zeit der Julimonarchie, während der sich die industrielle Revolution in Frankreich vollzog. Das Land erfuhr eine tiefgreifende Umwälzung seiner ökonomischen und sozialen Strukturen[6]; die kapitalistische Expansion führte zur Entstehung des Proletariats, das unter extremer Ausbeutung[7] und Verelendung litt[8]. Ein Brief Blanquis[9] schildert die Wohnverhältnisse der Arbeiter:

»Es ist eine Folge von Inselchen, die durch finstere und enge Gäßchen getrennt sind; an deren Ende befinden sich kleine Höfe, die ›courettes‹ genannt werden und gleichzeitig als Kloake und Ablagerungsstelle für Unrat dienen. Zu jeder Jahreszeit herrscht dort Feuchtigkeit. Die Fenster der Wohnungen und die Türen der Keller gehen auf diese verpesteten Gänge hinaus, in deren Hintergrunde ein Eisengitter über Senkgruben ruht, die Tag und Nacht als öffentliche Aborte benutzt werden. Die Wohnungen sind rings um diese Pestherde verteilt, aus denen man sich rühmt, noch ein kleines Einkommen herauszuschlagen. Je tiefer der Besucher in das Innere dieser Höfchen eindringt, um so mehr drängt sich um ihn eine seltsame Bevölkerung von bleichsüchtigen, buckligen und verwachsenen Kindern mit leichenblassen oder erdfahlen Gesichtern, die um Almosen betteln. Die meisten dieser Unglücklichen sind fast nackt, und auch die am besten versorgten stecken in Lumpen. Aber diese atmen wenigstens noch freie Luft; erst in der Tiefe der Keller kann man die Qualen derjenigen ermessen, die ihres Alters oder der kalten Jahreszeit wegen nicht herausgelassen werden können. Meist liegen sie auf dem nackten Boden, auf Resten von Rapsstroh, auf einer Streu aus getrockneten Kartoffelschalen, auf Sand oder auf Abfällen, die mühsam während der Tagesarbeit gesammelt sind. Das Loch, in dem sie hinkümmern, ist völlig frei von jeder Einrichtung; nur denen, die noch am besten dran sind, ist der Besitz eines flämischen Ofens, eines Holzstuhles und einiger Küchengeräte zuteil geworden: ›Ich bin nicht reich‹, sagt uns eine alte Frau, die uns ihre auf den feuchten Fußboden des Kellers hingestreckte Nachbarin zeigte, ›aber ich habe doch mein Strohbündel, Gott sei Dank!‹ «

Resultat dieser Lage waren Arbeiteraufstände, wie die »Revolte des Hungers« in Lyon im Jahre 1834 oder Putschversuche kommunistischer Geheimbünde wie etwa der Handstreich von Blanqui und Barbès 1839 in Paris. Zur gleichen Zeit entstanden die frühen sozialistischen Theorien (Fourier, Cabet, Proudhon u. a.). Die Kunst jener Jahre reagierte auf die gesellschaftliche Realität in sehr vermittelter Weise (nur Balzac ist eine Ausnahme). Die dominierende Strömung war die Romantik, die an die von Chateaubriand um 1800 eingeführten Themen anknüpfte: Pathos des einsamen, von Weltschmerz erfüllten, aristokratischen Individuums; nostalgische Beschwörung des christlichen Mittelalters; Verherrlichung eines farbenprächtigen Orients[10]. Daneben gab es seit 1830 eine jüngere Generation (Gautier, Nerval, Borel), eine anarchistisch-ästhetische Bohème, deren teilweise radikaler Protest sehr modern wirkt.

Baudelaires Leben ist in merkwürdiger Weise mit den gesellschaftlichen Ereignissen der Epoche verflochten. Schon seine Geburt war die Folge politischer Vorgänge: Sein Vater war katholischer Priester gewesen; die französische Revolution, der seine Sympathien gehörten, erlaubte ihm die Rückkehr in den Laienstand und die Heirat. 1819 schloß der Sechzigjährige seine zweite

Ehe mit der sechsundzwanzigjährigen Caroline Archimbaut-Dufays. Als der Vater 1827 starb, war Baudelaire sechs Jahre alt. Knapp zwei Jahre später heiratete die Mutter den Berufsoffizier Aupick (neununddreißig). Von 1832–36 lebte Aupick mit seiner Familie in Lyon; er war einer der Kommandeure der Truppen, die 1834 den Aufstand niederschlugen. Es ist anzunehmen, daß dieses Ereignis seine Wirkung auf Baudelaires Phantasie hatte; angesichts des später offenbar werdenden Hasses auf den Stiefvater läßt sich folgern, daß hier geheime Sympathien mit den Aufständischen geweckt worden waren[11]. Die Beschreibung des Elends der Lyoner Arbeiter im Dupont-Aufsatz (s. unten S. 76) gehen auf Erfahrungen dieser Zeit zurück.

1839 machte Baudelaire in Paris sein Abitur, nachdem er wegen Disziplinlosigkeit aus der Eliteschule ›Louis le Grand‹ entlassen worden war. Es war das Jahr des Putsches von Blanqui, der vermutlich in »Pariser Landschaft« und auch in einem Jugendgedicht seine Spur hinterlassen hat[12]. – Gegen den Widerstand seiner Eltern beschloß Baudelaire, Schriftsteller zu werden. Er lebte in der Bohème; die Eltern schickten ihn 1841, um ihn aus diesem Milieu zu entfernen, auf eine Indienreise, die für das Werk sehr wichtig werden sollte. Baudelaire kehrte auf der Insel Mauritius um und nahm in Paris seine vorherige Lebensweise wieder auf; er lernte die Mulattin Jeanne Duval kennen, die seine Lebensgefährtin wurde. 1842 erbte er das väterliche Vermögen (im heutigen Wert von etwa einer halben Million Mark); er lebte sehr verschwenderisch und gab bis 1844 fast die Hälfte des Geldes aus. Dann wurde er unter Vormundschaft gestellt, wodurch er plötzlich ganz verarmt und dazu noch mit großen Schulden belastet war; ein Selbstmordversuch, 1845, war vielleicht nur vorgetäuscht. Seit dem Beginn der vierziger Jahre verkehrte er mit den Dichtern Gautier, Banville und Nerval und machte um 1845 die Bekanntschaft der Republikaner und Sozialisten Champfleury, Dupont, Proudhon, Courbet (der ihn 1847 malte). 1845 und 1846 veröffentlichte Baudelaire Kunstkritiken und kündigte einen Gedichtband »Die Lesbierinnen« an; er schrieb »Ratschläge für junge Schriftsteller«, »Tröstliche Maximen über die Liebe« und eine Erzählung »Die Fanfarlo«, deren Held, der Dichter Samuel Cramer, unter dem Pseudonym Manuela de Monteverde, einen Gedichtband, – »Die Seeadler«, – verfaßt hat.

Zwei Prosapassagen voller ironischer Brechungen lassen die gesellschaftliche Wirklichkeit wie auch Baudelaires zwiespältige Haltung ahnen; ein Brief vom Dezember 1847 schildert seine tatsächliche Lage.

Ihr alle, die die Neugier des Flaneurs oft in einen Aufruhr hineingeraten ließ, habt ihr dieselbe Freude wie ich empfunden, wenn ein Hüter des öffentlichen Schlafes – ein Stadtpolizist oder ein Munizipalgardist, die wahre Armee – auf einen Republikaner einschlug? Und habt Ihr wie ich in Eurem Herzen gesagt: »Schlag zu, schlag etwas fester, schlag noch einmal, mein Herzenspolizist; denn bei diesen schlimmsten Schlägen finde ich dich anbetungswürdig; du bist Jupiter gleich, dem obersten Gerichtsherrn. Der Mann, den du schlägst, ist ein Feind der Rosen und der Düfte, nur nützliche Werkzeuge liebt er fanatisch; er ist ein Feind Watteaus, ein Feind Raphaels, ein erbitterter Gegner des Luxus, der Künste und der Literatur, ein erklärter Bilderstürmer, ein Henker von Venus und Apoll! Er will nicht mehr bescheiden und unbekannt für die Rosen und Düfte der Allgemeinheit arbeiten; er will frei sein, der Ignorant, er ist nicht fähig, neue Rosen und Düfte herzustellen. Schlag mit frommer Inbrunst auf die Schulterblätter des Anarchisten!«

Aus: Der Salon von 1846,

Armer Dichter der Seeadler! – Arme Manuela de Monteverde! Er ist sehr tief gesunken. – Kürzlich erfuhr ich, daß er eine sozialistische Zeitung gegründet hat und Politiker werden will. Unehrliche Intelligenz! Wie der ehrliche Herr Nisard[13] sagt.

Schluß von »Die Fanfarlo«

Beim letzten Mal, als Sie so freundlich waren, mir 15 francs zu geben, hatte ich schon zwei Tage nichts gegessen – achtundvierzig Stunden. (. . .)

Und obgleich es mir furchtbar schmerzlich ist, Paris zu verlassen und so vielen schönen Träumen Lebewohl zu sagen, habe ich tatsächlich den aufrichtigen und festen Entschluß gefaßt, es zu tun, falls ich es nicht fertig bringe, während der Zeit, die ich von dem Geld, um das ich Sie bitte, leben kann, wirklich zu arbeiten. Ich würde weit weg fahren. Leute, die ich auf der Ile de France kennenlernte, haben sich freundlicherweise an mich erinnert; ich werde bei ihnen eine Stellung finden, die mir keine Probleme bereiten wird, ein Gehalt, das reichlich ist in einem Land, wo man leicht lebt, wenn man sich eingewöhnt hat und die *Langeweile, die entsetzliche Langeweile und geistige Erschlaffung der heißen Länder mit ihrem blauen Himmel*. Aber ich werde es tun, um meinen Stolz zu bestrafen und um zu büßen, wenn ich meinem letzten Entschluß untreu werde.

Denken Sie nicht, daß es sich dabei um einen offiziellen Posten handelt. Es ist nämlich fast eine Bedienstetenstelle. Es handelt sich darum, die Kinder eines Freundes in *allem* zu unterrichten, außer in Chemie, Physik und Mathematik. Aber sprechen wir nicht mehr davon, denn es schaudert mir, wenn ich bedenke, daß so etwas notwendig sein wird. Ich füge nur hinzu, daß ich, falls ich es richtig finden werde, *mich auf diese Weise dafür zu bestrafen, alle meine Träume aufgegeben zu haben,* es für nötig halte, *keine Schulden zu hinterlassen,* denn mich erwartet dort ein leichtes und sicheres Leben. Schon der Gedanke an diesen Niedergang und an diese Absage an alle Energie jagt mir einen Schauder über den Rücken. Ich beschwöre Sie daher, auch nicht einmal vertraulich diesen Brief Herrn Ancelle[14] zu zeigen, so beschämend finde ich es, wenn ein Mann an seinem Erfolg zweifelt. Ich habe bis zum Februar Zeit, mich zu entscheiden und ich verspreche bis Jahresende einen Beweis zu liefern, daß Ihr Geld gut verwendet worden ist.

Aus einem Brief Baudelaires an seine Mutter vom 4. Dez. 1847.

Der Traum vom großen Geld
Selbstkarikatur Baudelaires (etwa 1857)

›Die schöne Revolution‹ vom Februar 1848

Bis zum Februar 1848 wollte Baudelaire sich entscheiden! Als er diesen Brief schrieb, bereitete sich schon das historische Drama vor, das im Februar beginnen sollte. Die allgemeine Unzufriedenheit in Frankreich war seit 1845 infolge von Teuerungen, die durch Mißernten und eine von England ausgehende Wirtschaftskrise entstanden waren, gewachsen. Die eigentliche Macht lag in den Händen der großen Bankiers, der sog. Finanzaristokratie; nur 200000 Personen waren wahlberechtigt, d. h. nahezu die gesamte Bevölkerung einschließlich des Großteils der neuen Industriebourgeoisie war von der politischen Macht ausgeschlossen. Die bürgerliche Opposition veranstaltete 1847 in zahlreichen Provinzstädten die *Kampagne der Bankette,* wo (in quasi privatem Rahmen, da öffentliche Versammlungen verboten waren) eine Reform des Wahlrechts gefordert wurde. Das Abschlußbankett sollte am 22. Februar in Paris stattfinden; es wurde verboten, was zu riesigen Demonstrationen führte. Die Kämpfe, die Toubin schildert (s. oben S. 22ff.) endeten mit der Abdankung des Königs. Daraufhin beschlossen sieben als bürgerliche Republikaner bekannte Mitglieder der Deputiertenkammer, eine provisorische Regierung zu bilden.

Unter der Führung von Lamartine begaben sie sich von dem in den aristokratischen Vierteln gelegenen Palais Bourbon zum Rathaus, das sich im Zentrum des Aufstands befand. Dort wurde die Liste der neuen Regierung um sechs Vertreter des Bürgertums erweitert. Schließlich wurden auch noch der sozialistische Politiker und Schriftsteller Louis Blanc sowie der Arbeiter Albert, ein Vertreter der Geheimbünde, aufgenommen. Damit trat bereits der Konflikt zwischen Bourgeoisie und Proletariat, die gemeinsam die Monarchie gestürzt hatten, hervor.

Am 25. Februar 1848 forderten die Arbeiter die *Soziale Republik* und die Provisorische Regierung proklamierte das *Recht auf Arbeit* (Marx nannte es die »erste unbeholfene Formel, worin sich die revolutionären Ansprüche des Proletariats zusammenfassen.« MEW 7, 41). Die Volksmenge vor dem Rathaus forderte am selben Tag, die Trikolore durch die rote Fahne zu ersetzen, was Lamartine aber verhinderte.

Toubins Bericht vom 22. bis 24. Februar zeigt einen vom allgemeinen Enthusiasmus getragenen, ganz emotional bestimmten Baudelaire. Eine Untersuchung der wenigen Äußerungen Baudelaires sowie der überlieferten Tatsachen läßt erkennen, daß Baudelaire den Klassenkonflikt wahrzunehmen begann und dabei selbst in Konflikt geriet. Zusammen mit Toubin und Champfleury gab er am 27. 2. und 1. 3. die Zeitschrift *Le Salut public* (Das Gemeinwohl) heraus; er verkaufte sie auch in den Straßen und überbrachte sie sowohl dem Sozialisten Raspail wie dem Pariser Erzbischof Affre. Das Umschlagbild der zweiten Nummer stammt von

Courbet; auf Wunsch Baudelaires wurden die Worte »Voix de Dieu« – »Voix du Peuple« (Die Stimme Gottes – Die Stimme des Volkes) auf die Fahne gesetzt und diese als Trikolore kenntlich gemacht[15], was als Parteinahme für Lamartine bzw. für die Bourgeoisie und damit gegen das Proletariat bzw. Blanqui zu werten ist. Am 28. 2. hatte sich Baudelaire noch in Blanquis *Société républicaine centrale* eingeschrieben, doch fehlt sein Name auf der endgültigen Liste vom 10. März.

In Baudelaires dichterischem Werk scheint die Februarrevolution keine Spuren hinterlassen zu haben und doch ist sie es, die seiner Vorstellung vom *Ideal* die historische Substanz gab. Auf der Suche nach dieser historischen Dimension muß man den Weg von den um 1860 geschriebenen kurzen Notizen aus dem (posthum veröffentlichten) Tagebuch über die beiden Baudelaire zugeschriebenen Zeitungsartikel vom Oktober 1848 bis zum *Salut public* (das im Wesentlichen als Baudelaires Werk anzusehen ist) zurückgehen. In den distanzierten, sarkastischen Notizen der späten Zeit steht Baudelaire fragend und staunend vor dem enthusiastischen Engagement seiner Jugend, das im *Salut public* Ausdruck gefunden hatte (und zu dem er sich auch noch im Oktober 1848 bekannte).

Der pathetische Überschwang des *Salut public* wirkt, isoliert gelesen, sehr fremd, ja gar nicht nachvollziehbar; erst als ich Daniel Sterns *Histoire de la Révolution de 1848*[16] las und dort die Situation, aus der diese Texte entstanden waren, vor Augen geführt bekam, wurden sie sinnvoll. Ich bringe daher zuerst Auszüge aus Daniel Stern (beginnend mit dem Zuge der sieben Deputierten zum Rathaus, vom 24. 2., woran sich Lamartines großer Auftritt vom 25. 2. anschließt).

Als der Zug das Flußufer erreichte, bot die Place de Grève einen unbeschreiblichen Anblick. Übersät mit Pferdekadavern, zerbrochenen Waffen und blutigen Uniformen, starrend von Spießen und Bajonetten, zwischen denen die Fahnen des siegreichen Aufstands wehten, schien der Platz, im Nebel eines Regentages, der alle Formen und Umrisse ins Unbestimmte verschwimmen ließ, sich unendlich hinzubreiten, um die ständig wachsenden Fluten des Volkes in seinen Schoß aufzunehmen. (. . .)

Sie gelangen ins Innere des Rathauses.

Ein unvorstellbarer Tumult ließ die Mauern des alten Bauwerks erzittern. Beim Lärm der Schüsse, die die Kämpfer zum Zeichen ihrer Freude in den Gängen abfeuerten, sprangen erschreckt wiehernde Pferde geflohener Munizipalgardisten durch das auf dem Boden verschüttete Pulver, das unter ihren Hufen blitzte. Direkt daneben stöhnten Verwundete und Sterbende auf Strohlagern. Das

Klirren aneinanderstoßender Waffen der Menschenmenge, die sich die Treppen hinauf- und hinabdrängte, das Splittern von Fensterscheiben, die auf dem Steinboden zerbrachen, Flüche und irres Gelächter, das sich in tausend Echos durch die hallenden Bögen fortpflanzte, betäubten das Ohr und stürzten alle Sinne in einen Taumel, der zum Schwindelgefühl wurde. (. . .)

Jeder begegnete auf seinem Weg irgendeinem Volksredner, der, mit der Pistole an der Hüfte oder den Säbel in der Faust, auf einer Bank, einem Tisch, einer Konsole stehend, je nach Laune irgendeine Regierung ausrief. Sicher wurden während dieser ersten Stunden mehr als fünfzig Namen zur gleichen Zeit in den verschiedenen Teilen des Rathauses beklatscht. Menschen, die sich völlig fremd waren, die die größten Antipathien gegeneinander hegten, sahen sich durch die revolutionäre Leidenschaft oder durch politische Berechnungen einander angenähert.

Da waren die Chefs der Geheimgesellschaften, befreite politische Häftlinge, die Verschwörer, die Barrikadenkämpfer, von denen man die Errichtung der Diktatur verlangte. Dort sah man einige Sendboten der bonapartistischen Partei, die den Namen des Prinzen Louis verbreiteten; andernorts wurde Lamenais genannt.

Stern I, 240 ff.

Da beschloß Lamartine, der schon von den Fenstern des Rathauses aus versucht hatte, den Sturm zu beschwören, sein Leben aufs Spiel zu setzen und hinunterzugehen; er zerteilte die dichte, waffenstarrende Menge und begab sich zum Gewölbe des Haupteingangs, da von dort aus der Klang seiner sonoren Stimme vielleicht stark genug widerhallen würde, um auf dem Platz gehört zu werden. Eingekeilt, gedrückt, gestoßen, halberstickt, vom Tod bedroht durch die Unachtsamkeit, die Leidenschaft, den Wahnsinn oder die Trunkenheit dieser Menschen, die außer sich waren, nutzte Lamartine, ruhig und unerschütterlich, die Gunst des Augenblicks; was ihn rettete, war sein Gefühl der Autorität, die ein selbstbewußter Wille über die anonymen und verantwortungslosen Leidenschaften der Menge besitzt. (. . .)

Die Energie der Revolution, die alle seine Nerven seit vierundzwanzig Stunden aufgesogen hatten, sein stolzes Auftreten, die Leichtigkeit und Grazie seiner Rede, die bald befahl und bald schmeichelte, übten auf das Volk eine Verführungskraft aus, der sich auch die Abgebrühtesten nicht entziehen konnten. Zwanzig Mal hing das Leben Lamartines an einem Wort, an einem Blick. Einen Moment lang sah man, wie sich über seinem Kopf ein Beil erhob, dessen unheimliches Blitzen der Menge einen Schreckensschrei entriß. Sei es, daß er es nicht bemerkte, sei es, daß er, immer Herr seiner selbst, spürte, daß dieser Zufall eine Sympathiewelle zu seinen Gunsten erzeugte, aus der er sofort Nutzen ziehen konnte – er verstärkte seine Stimme und entfaltete in einer äußersten Anstrengung alle Mittel seiner vollkommenen Beredsamkeit. Es gelang ihm, das Volk zu bannen und zu rühren, indem er die Wundertaten dieser drei Tage beschwor; er malte dem Volk ein Bild von dessen eigener Größe und als er, mit einer glücklichen Wendung, der vom Blut des Volkes rotgefärbten Fahne, die um das Marsfeld getragen worden war, die Trikolore gegenüberstellte, die um die Welt getragen wurde und überall den Namen und den Ruhm des Vaterlandes verbreitet hatte, zeigte ihm der ungeheure Beifall dieses künstlerisch sensiblen Volkes, daß er gesiegt hatte. Ein Proletarier in Lumpen mit entblößter Brust, die noch von einer Verwundung blutete, warf sich in seine Arme und drückte ihn weinend an sich. (. . .)

In der Menge der Proletarier, die aus sehr edlen und berechtigten Gefühlen heraus einen Wechsel der Fahne wünschte, war eine kleine Zahl von Aufrührern tätig, die sich materialistische Kommunisten nannten und über deren Absichten es keinen Zweifel gab. Sie wollten, daß die rote Fahne die Bedeutung wiedererlange, die ihr am 25. Juni 1792 die Versammlung eines Bundes gegeben hatte, der sich *Direktorium des Aufstands* nannte und auf seine Fahnen geschrieben hatte: *Kriegsrecht des Volkes gegen die Rebellion der Exekutivgewalt.* (. . .)

Ein Mann, den man zur Place de Grève geschickt hatte, kehrt zurück; er ist außer sich. Er sah, wie die rote Fahne niedergeholt wurde; er hatte Lamartines Triumph beigewohnt. Ein Konzert von Verwünschungen erhebt sich bei dieser Nachricht. Wie mit einer Stimme rufen alle, daß es jetzt kein Zögern mehr gibt; die provisorische Regierung muß auf der Stelle gestürzt werden. Blanqui diktiert sogleich einen Aufruf zur Insurrektion, der unverzüglich zur Druckerei getragen wird.

Stern I, 298 ff.

DAS GEMEINWOHL
ES LEBE DIE REPUBLIK!

An das Volk

Man sagte dem VOLK: Sei mißtrauisch.

Heute muß man dem VOLK sagen: Vertraue der Regierung.

VOLK! Du bist da, stets gegenwärtig, und diese Regierung kann nichts falsch machen. Habe ein wachsames Auge auf sie, aber hülle sie in deine Liebe ein. Deine Regierung ist dein Sohn.

... Das VOLK muß eines wissen: Das beste Mittel gegen Verschwörungen jeder Art ist DER ABSOLUTE GLAUBE an die Republik; jede feindliche Absicht wird unvermeidlich in einer Atmosphäre universaler Liebe verschwinden.

An die Häupter der provisorischen Regierung

Ehre sei Euch, die Ihr die Initiative ergriffen und die Mühen der ersten Tage auf Euch genommen habt.

Das Volk vertraut Euch. Vertraut dem Volke!

Im gegenseitigen Vertrauen liegt unser Heil. Schande über den, der kein guter Republikaner ist! Er gehört nicht in dieses Jahrhundert! Schande über den, der voller Mißtrauen ist! Denn er ist schwach!

Seid groß, seid stark im Regieren und zweifelt nie an der Intelligenz des Volkes, das Euch folgt.

Es liebt jene, die es lieben. Fürchtet also nichts.

Macht nie einen Schritt zurück, sondern geht voran wie

der Wind. Wir wissen jetzt, daß die Stunden wie Jahre sind.

... Eine gemeinsame Erfahrung, die uns unsere Väter hinterlassen haben, lehrt uns, UNSER HEIL LIEGT IN DER NATIONALVERSAMMLUNG!

Und schließlich, wenn Ihr unsere langen Leiden mit diesem großen Mittel geheilt habt und Euer hohes Amt niederlegt, werdet Ihr die Erinnerung an eine große Tat mit Euch nehmen und den frommen Dank aller, die einzige *Auszeichnung* und die einzige Belohnung, die der großen Staatsbürger würdig sind.

Der 24. Februar

Der 24. Februar ist der größte Tag der Menschheit! Der 24. Februar wird für die zukünftigen Generationen der Tag sein, an dem das Recht der Volkssouveränität endgültig und unwiderruflich in Kraft getreten ist. Nach dreitausend Jahren Sklaverei hat das Recht endlich seinen Einzug in die Welt gehalten und die Wut der Tyrannen wird nichts dagegen vermögen. Französisches Volk, sei stolz auf dich; du bist der Erlöser der Menschheit. (...)

Die maschinellen Druckerpressen

Einige irregeleitete Brüder haben maschinelle Druckpressen zerstört. Ihr zerstört das Werkzeug der Revolution.

Jede Maschine ist heilig wie ein Kunstwerk.

Die Intelligenz wurde uns zu unserem Heil gegeben.

Jede Maschine, jedes Produkt der Intelligenz erzeugt nur Böses, wenn es von einer bösartigen Regierung verwaltet wird.

Die anderen Arbeiter haben protestiert, unter anderem die Mitarbeiter der Zeitung ›Die Werkstatt‹ [›L'Atelier‹]. Wir haben es nicht anders von ihnen erwartet.

Die Schönheit des Volkes

Seit drei Tagen ist die Bevölkerung von Paris von wunderbarer körperlicher Schönheit. Nachtarbeit und Überanstrengung drücken die menschliche Gestalt nieder; aber das Gefühl der zurückgewonnenen Rechte richtet sie wieder auf und zeigt sie stolz erhobenen Hauptes. In den Gesichtern leuchtet Begeisterung und republikanischer Stolz. Die Infamen wollten die Bourgeoisie nach ihrem Bilde formen – nur Magen und Bauch – während das Volk vor Hunger jammerte. Volk und Bourgeoisie haben dies Ungeziefer der Korruption und Unmoral vom Leibe Frankreichs abgeschüttelt. (. . .)

Die republikanischen Künstler

Die Maler haben sich mutig in die Revolution gestürzt; sie haben in den Reihen des Volkes gekämpft.

Am Rathaus trugen Künstler eine Inschrift auf ihren Hüten, mit blutigen Lettern geschrieben: Republikanische Künstler; zwei von ihnen stiegen auf einen Tisch und hielten eine Ansprache an das Volk. (. . .)

Gute Nachrichten!

(. . .) Man wollte dem Bürger Rothschild Angst machen und ihn zur Flucht bewegen: als wenn das souveräne Volk Taler stehlen würde. Es nimmt sich nur seine Rechte. Rothschild antwortete: »Ich habe Vertrauen in die neue Regierung und ich bleibe.« Bravo! (. . .)

(. . .) Gestern stiegen zwei Priester über eine Barrikade; sie wurden von Männern des Volkes beleidigt; zahlreicher waren jene, die sie verteidigten. Diese große Vernunft des Volkes ist wunderbar.

Noch Schöneres gibt es. In der Tuilerienkapelle wird eine besonders schöne Holzplastik Christi gefunden. Jemand ruft: Das ist unser Herr! Nehmen wir den Hut ab! – Alles entblößt sich und man trägt den Christus im Triumph zur Rochuskirche.

An die Priester!

(...) Priester, zögert nicht; werft Euch kühn in die Arme des Volkes. Ihr werdet Euch durch die Berührung mit ihm erneuern; es achtet Euch; es wird Euch lieben. Euer Herr Jesus Christus ist auch der unsere; er war mit uns auf den Barrikaden, und durch ihn, durch ihn allein haben wir gesiegt. Jesus Christus ist der Gründer aller modernen Republiken; wer daran zweifelt, hat das Evangelium nicht gelesen. Priester, schließt euch kühn uns an; Affre und Lacordaire haben es euch schon vorgemacht. Wir haben den selben Gott: warum zwei Altäre?

Ohne Moral ist alles Verloren!

(...) Verbannen wir aus unseren Herzen alle erniedrigenden Instinkte, alle gemeinen Leidenschaften, die die schmutzige Regierung Louis-Philippes darin keimen lassen wollte. Die Tugend ist das belebende Gesetz, die bewahrende Kraft der Republiken. (...)

Die Erste Und Die Letzte

(...) 1789 war die Gesellschaft rationalistisch und materialistisch. – Heute ist sie von Grund auf spiritualistisch und christlich.

Daher war 1793 voll Blut. – Daher wird 1848 moralisch, menschlich und barmherzig sein.

Die Redakteure: Champfleury, Baudelaire und Toubin.

Aus: LE SALUT PUBLIC. 27. 2. und 1. 3. 1848.

Als am 24. Februar 1848 die Republik von ihren Barrikaden herabstieg, um sich im Rathaus der Mutterstadt einzurichten, als dies Phantom, von den einen bewundert, von den anderen gefürchtet, von neuem unter uns erschien, breitete sich ein großes Schweigen aus. Um die Wahrheit zu sagen: Es war eine Überraschung.

(. . .) Nachdem das Volk, das seine Würde und seine Ehre liebt, als erstes ein Beispiel der Ordnung, der Mäßigung und der Religion gegeben hatte, warf sich ganz Frankreich in die Arme der Republik.

(. . .) alle politischen und religiösen Klassen (. . .) stürzten sich mit Begeisterung in eine brüderliche und mystische Einheit – eine Einheit, die man für endgültig hielt. Wir sind stolz darauf, diese erhabenen Illusionen geteilt zu haben.

(. . .) Wichtig ist es vor allem, die Tatsache festzuhalten, daß ein Mal, ein einziges Mal vielleicht, in der Geschichte der Menschheit eine Bewegung entstanden ist, die alle ursprünglich existierenden Ansichten zu einem Bündel vereinigte und daß es eine Epoche, einen Tag, eine Stunde gegeben hat, wo eine Zeitlang die verschiedenen Gefühle so vieler Individuen nur noch eine unermeßliche Hoffnung waren. Die weit überwiegende Mehrheit der Franzosen war erfüllt vom Streben nach Tugend und Eintracht. Ein einmaliger Augenblick in der Geschichte – das muß unablässig gesagt, wiederholt und gedruckt werden.

Und trotzdem kam die Zwietracht; folglich die soziale Unordnung, das Stagnieren der Wirtschaft, das Elend des Volkes, die gegenseitigen Anschuldigungen usw.

Wie verbrecherisch sind jene, denen Vertrauen entgegengebracht wurde und die es in Mißtrauen verwandelt haben!

Aus einem Baudelaire zugeschriebenen Artikel in der Zeitung ›Le Représentant de l'Indre‹, Châteauroux, 26. Oktober 1848.

Mein Rausch im Jahre 1848.

Welcher Art war dieser Rausch? Lust auf Rache. *Natürliches* Vergnügen an der Zerstörung.

Literarischer Rausch; Erinnerung an Gelesenes. (. . .)

1848 war nur amüsant, weil jeder Utopien wie Luftschlösser errichtete.

1848 war nur köstlich durch das Übermaß an Lächerlichkeit.

Zwei schöne Religionen, unsterblich auf den Mauern, die ewigen Obsessionen des VOLKES: ein Schwanz (der antike Phallus) – und »Hoch Barbès!« oder »Nieder mit Philippe!« oder »Es lebe die Republik!«

Baudelaire, Mein entblößtes Herz. Posthum; geschrieben um 1860.

Die Februarrevolution war eine Überrumpelung, eine *Überraschung* der alten Gesellschaft, und das Volk proklamierte diesen unverhofften *Handstreich* als eine weltgeschichtliche Tat, womit die neue Epoche eröffnet sei.

Marx, Der achtzehnte Brumaire des Louis Bonaparte, 1852. MEW 8, 117

Die *Februarrevolution* war die *schöne* Revolution, die Revolution der allgemeinen Sympathie, weil die Gegensätze, die in ihr gegen das Königtum eklatierten, *unentwickelt,* einträchtig nebeneinander schlummerten, weil der soziale Kampf, der ihren Hintergrund bildete, nur eine luftige Existenz gewonnen hatte, die Existenz der Phrase, des Worts.

Marx, Neue Rheinische Zeitung, 29. Juni 1848. MEW 5, 134

Lamartine endlich in der provisorischen Regierung, das war zunächst kein wirkliches Interesse, keine bestimmte Klasse, das war die Februarrevolution selbst, die gemeinsame Erhebung mit ihren Illusionen, ihrer Poesie, ihrem eingebildeten Inhalt und ihren Phrasen. (. . .)

Die Phrase, welche dieser eingebildeten Aufhebung der Klassenverhältnisse entsprach, war die *fraternité,* die allgemeine Verbrüderung und Brüderschaft. Diese gemütliche Abstraktion von den Klassengegensätzen, diese sentimentale Ausgleichung der sich widersprechenden Klasseninteressen, diese schwärmerische Erhebung über den Klassenkampf, die fraternité, sie war das eigentliche Stichwort. (. . .)

Die *provisorische Regierung,* die sich auf den Februarbarrikaden erhob, spiegelte in ihrer Zusammensetzung notwendig die verschiedenen Parteien ab, worunter sich der Sieg verteilte. Sie konnte nichts anderes sein als ein *Kompromiß der verschiedenen Klassen,* die gemeinsam den Julithron umgestürzt, deren Interessen sich aber feindlich gegenüberstanden. (. . .)

Wenn Paris infolge der politischen Zentralisation Frankreich beherrscht, beherrschen die Arbeiter in Augenblicken revolutionärer Erdbeben Paris. Der erste Lebensakt der provisorischen Regierung war der Versuch, sich diesem überwältigenden Einflusse zu entziehen durch einen Appell von dem trunkenen Paris an das nüchterne Frankreich.

Marx, Die Klassenkämpfe in Frankreich 1848 bis 1850. 1850. MEW7, 17; 7, 21; 7,16; 7, 17.

Mit dem Pathos christlicher Liebe und römischer Tugend feiert Baudelaire das Volk und der 24. Februar wird ihm zum *größten Tag der Menschheit,* zum Tag der *Erlösung* und der *Wiederkehr Christi.* Von *erhabenen Illusionen* spricht er im Oktober 1848, um 1860 nur noch vom *Rausch,* von *lächerlichen Luftschlössern.* Es zeigt sich darin ein Prozeß der Desillusionierung und auch der psychologischen Erkenntnis: Es war ein Rausch gewesen und er enthielt auch aggressive und sexuelle Elemente. Es ist frappierend zu sehen, wie Marx aus der Distanz des Theoretikers die gleichen Aspekte des Februar erwähnt und durch seine Analyse zugleich die politische Stoßrichtung des *Salut public* auf den Begriff bringt: Das Plädoyer für *Eintracht* und *Vertrauen* in der Zeitschrift ist deshalb so intensiv, weil sich eben die verschiedenen Klasseninteressen feindlich gegenüberstanden und sehr schnell aus ihrem *einträchtigen Schlummer* erwachen sollten.

Von Februar bis Juni spitzte sich der Konflikt zwischen Bourgeoisie und Proletariat immer mehr zu. Ein Streitpunkt war der Termin für die Wahlen; die Provisorische Regierung hatte am 4. 3. das allgemeine Wahlrecht verkündet und die Wahlen auf den 9. 4. festgesetzt. Blanqui und seine Anhänger verlangten eine Verschiebung, um Zeit für ihre Aufklärungsarbeit zu gewinnen. Am 16. 3. veranstaltete die Bourgeoisie eine Demonstration gegen die Provisorische Regierung, worauf am nächsten Tag eine Demonstration der Arbeiter zugunsten der Regierung folgte, die dann die Wahlen auf den 23. 4. verschob. Blanquis[17] Einschätzung der Lage zeigen die folgenden Aufrufe:

Zweite Petition über den Aufschub der Wahlen

(14. März 1848)

Bürger, wir fordern den Aufschub der Wahlen zur Nationalversammlung und bei der Nationalgarde. Diese Wahlen wären lächerlich.

In Paris ist nur eine ganz geringe Zahl von Arbeitern in die Wahllisten eingetragen. Daher würden sich die Wahlurnen nur mit den Stimmzetteln der Bourgeoisie füllen. In den Städten würde die Arbeiterklasse, die jahrelang das Joch der Unterdrückung und des Elends erdulden mußte, entweder an der Abstimmung überhaupt nicht teilnehmen oder aber sich von seinem Vormund wie blindes Vieh zur Urne führen lassen.

Auf dem Lande haben Klerus und Aristokratie einen immensen Einfluß. Die gelehrte Tyrannei hat es durch ihr System der Isolierung der Individuen voneinander vermocht, jegliche Spontaneität im Herzen der Massen zu unterdrükken. Die armen Bauern, die quasi in Leibeigenschaft leben, würden so nur zum Trittbrett ihrer Feinde werden, die sie ausbeuten und unterdrücken. Der Gedanke daran, daß die Unterdrücker auf diese Weise noch von ihrem Verbrechen profitieren würden, erfüllt uns mit Entrüstung. Es ist eine Freveltat, zehn Millionen Menschen zu einem falschen Urteil über ihr eigenes Heil zu bewegen, ihre Unerfahrenheit so weit auszunutzen, daß man sie dazu bringt, ihre eigene Sklaverei gutzuheißen. Das wäre eine allzu niederträchtige Herausforderung an die Barrikaden des Februar. Das Volk ist unwissend; es muß dieses Wissen erst beigebracht bekommen. Das ist weder in einem Tag noch in einem Monat möglich. Angesichts des Umstands, daß die Konterrevolution 50 Jahre lang allein das Wort geführt hat, ist es da zu viel verlangt, der Freiheit ein Jahr lang das Wort zu erteilen? Sie fordert ja nur die Hälfte der Rednertribüne für sich und wird die Meinungsäußerung des Gegners nicht unterdrücken.

Das Licht der Aufklärung muß bis in das letzte Dorf vordringen; die Arbeiter müssen ihr von der Knechtschaft gebeugtes Haupt wiederaufrichten und sich von jenem Zustand der Niedergeschlagenheit und der Betäubung erholen, in dem die herrschende Kaste sie von Kopf bis Fuß hält.

Sagt nicht, unsere Befürchtungen seien nur Chimären! Die Wahlen werden einen reaktionären Ausgang haben. So ist die allgemeine Stimmung. Die royalistische Partei, die einzig organisierte aufgrund ihrer langen Herrschaft, wird durch Intrigen, Korruption und sozialen Einfluß die Situation bemeistern und siegreich aus den Wahlen hervorgehen.

Dieser Triumph würde den Bürgerkrieg bedeuten! Denn das Herz und das Hirn Frankreichs, Paris, wird angesichts dieser Offensive der Kräfte der Vergangenheit nicht zurückweichen. Denkt an die schlimmen Konsequenzen eines Konfliktes zwischen der Pariser Bevölkerung und einer Nationalversammlung, die vorgibt, die Nation zu repräsentieren, in Wirklichkeit aber keineswegs repräsentativ ist. Denn das Wahlergebnis von morgen wird überraschend und falsch ausfallen.

Möge eure Klugheit und Vorsicht Frankreich vor dieser Gefahr bewahren. Laßt das Volk erst unter der Republik Reife erlangen! Denn bis jetzt ist es noch in den stickigen Windeln der Monarchie gefangen.

Der Schrei der Pariser lautet daher: Verschiebung der Wahlen!

An die demokratischen Clubs von Paris

(22. März 1848)

Die Republik wäre eine Lüge, wenn sie nicht mehr als die Ersetzung einer Regierungsform durch eine andere bedeuten würde. Es genügt nicht, die Worte auszutauschen; die Dinge selbst müssen an ihrer Wurzel verändert werden.

Die Republik, das ist die Emanzipation der Arbeiter, das ist das Ende der Ausbeuterherrschaft, der Beginn einer neuen Ordnung, in der die Arbeit von der Tyrannei des Kapitals befreit wurde.

Freiheit! Gleichheit! Brüderlichkeit! Diese Devise, die an den Fassaden unserer Häuser prangt, soll mehr sein als nur eine Dekoration für Opernhäuser.

Schluß mit dem Tand! Wir sind keine Kinder mehr. Es gibt keine Freiheit, solange es an Brot fehlt. Es gibt keine Gleichheit, solange skandalöser Reichtum mit bitterem Elend kontrastiert. Es gibt keine Brüderlichkeit, solange die Arbeiterin mit ihren halbverhungerten Kindern sich vor den Pforten der Paläste vorbeischleppt.

Arbeit und Brot! Die Existenz des Volkes soll nicht mehr auf Gedeih und Verderb dem Groll und den Schrecknissen des Kapitals ausgeliefert sein.

Die Volksvereine, die unsere Prinzipien teilen, werden gebeten, drei Delegierte zu wählen, die sich am Sonntag, den 26. März, um 11 Uhr morgens, im zentralen Wahlkomitee im Tagungssaal rue de Poirier, in der Nähe der Sorbonne, treffen. Einzig zugelassen werden die Delegierten der Clubs, die von ihren Vereinigungen bevollmächtigt sind.

Bei den Wahlen am 23.4. siegten die Konservativen (von den 900 Abgeordneten vertraten nur etwa 30 die Interessen der Arbeiter). Am 15.5. drang ein Demonstrationszug der Arbeiter (unter ihnen Blanqui) in die Verfassunggebende Versammlung ein, löste sie auf, zog zum Rathaus und proklamierte eine neue Regierung (mit Barbès, Raspail, Albert), die aber nach wenigen Stunden von Truppen der Provisorischen Regierung vertrieben wurde. Blanqui, Barbès und Albert wurden verhaftet.

In Baudelaires Verhalten läßt sich ein Schwanken zwischen den Parteien erkennen. Im Tagebuch heißt es: »Der 15. Mai. – Immer noch die Lust auf Zerstörung. Berechtigte Lust, wenn alles Natürliche berechtigt ist.« Man kann daraus schließen, daß er an dem Putschversuch teilnahm oder jedenfalls damit sympathisierte. Andererseits war er von April bis Anfang Juni Redaktionssekretär der Zeitschrift *La Tribune nationale,* die der Linkskatholik Lamenais Ende Februar gegründet hatte; sie trat für die Interessen der Arbeiter ein, doch von einem reformsozialistischen Standpunkt à la Proudhon aus und wandte sich gegen die Umsturzpläne der Kommunisten. Die *Tribune* glaubte, daß die Arbeiter durch den Aufschwung von »Kredit«, »Produktion«, »Austausch«, »Konsum« (Termini, die an Proudhon denken lassen) zu ihrem Recht kommen würden. Für die Wahlen vom 4. Juni wurden Caussidière, Proudhon und Leroux vorgeschlagen; sechs der acht weiteren Kandidaten waren Arbeiter[18]. Die *Tribune* pries das »Vertrauen« und wandte sich gegen den »Antagonismus«, doch sollen »Brüderlichkeit und Gleichheit« nicht nur leere Formeln bleiben, sondern sich durch »die materielle Emanzipation« verwirklichen. Am 5. Juni wird die Regierung angegriffen, da sie sage »Ohne Ordnung keine Arbeit. Wir aber sagen mit ganz Frankreich: Ohne Arbeit keine Ordnung.« Von den Maßnahmen der Regierung heißt es: »All das ist ein Ruf zu den Waffen, es ist eine Provokation zum Bürgerkrieg, zum entsetzlichsten Ausrottungskrieg, den die Geschichte jemals in ihren blutigen Annalen aufzuzeichnen haben wird.«[19]

›Die häßliche Revolution‹ vom Juni 1848

Am 20. Juni forderten die bürgerlichen Fraktionen die Schließung der *Nationalwerkstätten,* die die Regierung am 6. März gegründet hatte, um die Arbeitslosen zu beschäftigen. Die Forderung wurde am nächsten Tag angenommen. Marx bemerkte dazu: »Es blieb den Arbeitern keine Wahl, sie mußten verhungern oder losschlagen. Sie antworteten am 22. Juni mit der ungeheuren Insurrektion, worin die erste große Schlacht geliefert wurde zwischen den beiden Klassen, welche die moderne Gesellschaft spalten. Es war ein Kampf um die Erhaltung oder Vernichtung der *bürgerlichen* Ordnung. Der Schleier, der die Republik verhüllte, zerriß.« (MEW 7,31)

Im folgenden versuche ich, den Aufstand, den Baudelaire nur in einer Tagebuchnotiz und in dem Artikel vom Oktober 1848 erwähnt, in seinem Ablauf anschaulich zu machen, damit erkennbar wird, was in Baudelaire nach dem Ende der Kämpfe im Faubourg Saint-Antoine (s. oben S. 24) vorging.

Am 23. Juni warteten um sechs Uhr morgens auf der Place du Pantheon sechs- bis achttausend Arbeiter voller Ungeduld auf Pujol[20]. Nach seinem Eintreffen marschieren sie mit wehenden Fahnen bis zur Place de la Bastille. Die Menge schart sich um die Julisäule. Pujol steigt auf den Sockel. »Die Hüte ab!«, ruft er. Alles entblößt die Köpfe. »Bürger«, fährt Pujol fort, »Ihr steht auf dem Grab der ersten Märtyrer der Freiheit. Kniet nieder!« Alles fällt auf die Kniee. Dann hört man über dem weiten Feld gebeugter Köpfe, über dieser soeben noch brausenden Menge, die in andächtiges Schweigen versunken ist, die ernste Stimme des Mannes, der in diesem Augenblick über alle Gefühle gebietet und über den Willen jedes einzelnen verfügt: »Helden der Bastille«, sagt Pujol, wobei er die Augen zum Himmel erhebt, »die Helden der Barrikaden werfen sich vor dem Denkmal Eurer Unsterblichkeit nieder. Wie Ihr haben auch sie eine Revolution gemacht und dafür mit ihrem Blute bezahlt; aber bis zu diesem Tag hat ihr Blut keine Früchte getragen. Die Revolution muß neu beginnen. Freunde«, fährt er fort und sein Blick schweift über die knieende Menge, »unsere Sache ist die unserer Väter. Auf ihre Fahnen hatten sie geschrieben ›Freiheit oder Tod‹ – Freunde! Freiheit oder Tod!« Und die Menge erhebt sich auf ein Zeichen seiner Hand hin und wiederholt einstimmig: »Freiheit oder Tod«.

Stern III, 145f.

Nachrichten aus Paris

Köln, 26. Juni. Die Nachrichten aus Paris, die soeben eintreffen, nehmen so viel Raum ein, daß wir gezwungen sind, alle räsonierenden Artikel wegzulassen.

Darum nur zwei Worte an unsere Leser. *Die Abdankung Ledru-Rollins* und *Lamartines* wie ihrer Minister, *Cavaignacs Militärdiktatur* aus Algier nach Paris verpflanzt, *Marrast Zivildiktator, Paris in Blut schwimmend, die Insurrektion* entwikkelt zur *größten Revolution, die je stattgefunden,* zur *Revolution des Proletariats gegen die Bourgeoisie* – das sind unsre neuesten Nachrichten aus Paris. Den riesenhaften Umrissen dieser *Junirevolution* genügen nicht drei Tage wie der *Julirevolution* und der *Februarrevolution,* aber der Sieg des *Volks ist unzweifelhafter als je. Die französische Bourgeoisie hat gewagt, was nie die französischen Könige gewagt haben: Sie hat ihr Los selbst geworfen.* Mit diesem *zweiten Akt der französischen Revolution* beginnt erst die *europäische Tragödie.*

Ohne Verfasserangabe; Neue Rheinische Zeitung, 27. 6. 1848. MEW 5,116.

Die Junirevolution bietet das Schauspiel eines erbitterten Kampfes, wie ihn Paris, wie ihn die Welt noch nicht gesehen. Von allen bisherigen Revolutionen weisen die Mailänder Märztage den heißesten Kampf auf. Eine fast entwaffnete Bevölkerung von 170000 Seelen schlug eine Armee von 20000 bis 30000 Mann. Aber die Märztage von Mailand sind ein Kinderspiel gegen die Junitage von Paris.

Was die Junirevolution vor allen bisherigen Revolutionen auszeichnet, das ist die *Abwesenheit aller Illusionen, aller Begeisterung.*

Das Volk steht nicht wie im Februar auf den Barrikaden und singt »Mourir pour la patrie« – die Arbeiter des 23. Juni kämpfen um ihre Existenz, das Vaterland hat alle Bedeutung für sie verloren. Die »Marseillaise« und alle Erinnerungen der großen Revolution sind verschwunden. Volk und Bourgeois ahnen, daß die Revolution, in die sie eintreten, größer ist als 1789 und 1793.

Die Junirevolution ist die Revolution der Verzweiflung, und mit dem schweigenden Groll, mit der finstren Kaltblütigkeit der Verzweiflung wird sie gekämpft; die Arbeiter wissen es, daß sie einen *Kampf auf Leben und Tod* führen, und vor dem furchtbaren Ernst dieses Kampfes schweigt selbst der französische heitre Esprit.

Die Geschichte bietet nur zwei Momente dar, die mit dem Kampfe Ähnlichkeit zeigen, der wahrscheinlich noch in diesem Augenblick in Paris geführt wird: der römische Sklavenkrieg und der Lyoner Aufstand von 1834. Das alte Lyoner Motto »Arbeitend leben oder kämpfend sterben« ist auch plötzlich nach vierzehn Jahren wieder aufgetaucht und auf die Fahnen geschrieben worden.

Die Junirevolution ist die erste, die wirklich die ganze Gesellschaft in zwei große feindliche Heerlager spaltet, die durch Ost-Paris und West-Paris vertreten sind. Die Einstimmigkeit der Februarrevolution ist verschwunden, jene poetische Einstimmigkeit voll blendender Täuschungen, voll schöner Lügen, die durch den schönrednerischen Verräter Lamartine so würdig repräsentiert wurde. (. . .)

Die Armeen, die sich in den Straßen von Paris bekämpfen, sind so stark wie die Armeen, die die Völkerschlacht von Leipzig schlugen. Das allein beweist die ungeheure Bedeutung der Junirevolution.

Die Stadt teilte sich in zwei Heerlager. Am nordöstlichen Rande der Stadt, vom Montmartre herab bis zu der Porte St. Denis, von hier die Rue St. Denis herab, über die Insel der Cité, die Rue St. Jacques entlang bis zur Barriere ging die Scheidungslinie. Was östlich lag, war von den Arbeitern besetzt und verschanzt; von dem westlichen Teil aus griff die Bourgeoisie an und erhielt sie ihre Verstärkungen.

Von morgens früh an begann das Volk schweigend seine Barrikaden zu errichten. Sie waren höher und fester als je. Auf der Barrikade am Eingang des Faubourg St. Antoine wehte eine kolossale rote Fahne.

Boulevard St. Denis war sehr stark verschanzt. Die Barrikaden des Boulevards, der Rue de Cléry und die in vollständige Festungen verwandelten umliegenden Häuser bildeten ein vollständiges Verteidigungssystem. Hier brach, wie wir schon gestern berichteten, der erste bedeutende

Kampf los. Das Volk schlug sich mit namenloser Todesverachtung. Auf die Barrikade der Rue de Cléry wurde ein Flankenangriff durch ein starkes Detachement Nationalgarde gemacht. Die meisten Verteidiger der Barrikade zogen sich zurück. Nur sieben Männer und zwei Frauen, zwei junge schöne Grisetten, blieben auf ihrem Posten. Einer der Sieben tritt auf die Barrikade, die Fahne in der Hand. Die andern beginnen das Feuer. Die Nationalgarde erwidert, der Fahnenträger fällt. Da ergreift die eine Grisette, ein großes schönes Mädchen in geschmackvoller Kleidung, mit nackten Armen, die Fahne, steigt über die Barrikade und geht auf die Nationalgarde zu. Das Feuer dauerte fort, und die Bourgeois der Nationalgarde schossen das Mädchen nieder, als sie dicht vor ihren Bajonetten angekommen war. Sofort springt die andere Grisette vor, ergreift die Fahne, hebt den Kopf ihrer Gefährtin auf, und da sie sie tot findet, schleudert sie wütend Steine auf die Nationalgarde. Auch sie fällt unter den Kugeln der Bourgeois. Das Feuer wird immer lebhafter, man schießt aus den Fenstern, aus der Barrikade; die Reihen der Nationalgarde lichten sich; endlich kommt Sukkurs an, und die Barrikade wird erstürmt. Von den sieben Verteidigern der Barrikade war nur noch einer am Leben, der entwaffnet und gefangen wurde. Es waren die Lions und Börsenwölfe der zweiten Legion, die diese Heldentat gegen sieben Arbeiter und zwei Grisetten ausführten.

Engels in Neue Rheinische Zeitung, 28. Juni 1848. MEW 5, 118–120

Barrikaden in Paris. Holzstich, 1848. – Auf der Fahne: Brot oder Tod

Der Juni-Aufstand zeigte der erschreckten Gesellschaft einen furchtbar verzerrten, bisher unbekannten Ausdruck.

Die erste Barricade wurde errichtet am Freitag, dem 23. früh Morgens und zwar am Saint-Denis-Thor. Sie wurde an demselben Tage angegriffen; die Nationalgarde ging tapfer vor. Es waren Bataillone der ersten und zweiten Legion, welche von den Boulevards her anrückten. Als die Angreifenden auf Gewehrschußweite heran waren, empfing sie von der Barricade her eine so mörderische Salve, daß alsbald Damm und Trottoir mit gefallenen Nationalgarden besät waren, die Überlebenden stürzten im Laufschritt auf die Barricade los.

In diesem Augenblick erschien oben auf derselben eine Frau, eine junge Frau mit aufgelösten Haaren, trotz ihrer Schönheit aber schrecklich anzusehen – es war eine Dirne. Sie hob ihre Kleider bis zum Gürtel empor und schrie den Nationalgarden in dem abscheulichen Jargon des Lupanars zu – die Geschichte ist gezwungen, dies zu registrieren – »Feiglinge, schießt, wenn Ihr es wagt, einem Weibe in den Bauch.« Die Angreifer aber stutzten keinen Augenblick, unter einem Hagel von Kugeln fällt die Elende, indem sie einen gellenden Schrei ausstößt; ganz ohne Eindruck aber blieb der Auftritt doch nicht. – Da erscheint auf dem Gipfel der Barricade eine Zweite; sie ist jünger, schöner noch als die Erste, beinah noch Kind, etwa siebzehn Jahre alt. O! Elend über Elend. Auch sie war eine Prostituierte. Wie die Andere hob auch sie ihre Kleider auf und schrie:

»Schießt, Ihr Räuber . . .« Die Schüsse krachten und mit ihnen fiel die Leiche der Zweiten auf die der Ersten.

Das war der Anfang dieses Krieges!

Es giebt Nichts, was das Blut erstarren macht wie ein solcher Auftritt. – O! wie schrecklich düster ist das!

Dieser Heroismus der Verderbtheit! Bricht in ihm doch Alles hervor, was nur die Schwäche an Kraft besitzt? Unsere vom Cynismus angegriffene Civilisation sich durch Barbarei vertheidigend! Auf der einen Seite die Verzweiflung des Volkes, auf der anderen die Verzweiflung der Gesellschaft. Welch Bild!

Aus: Victor Hugo, Historische Notizen aus der Zeit in der ich lebte. Übersetzung von O. v. Bieberstein. Leipzig 1900

Der Faubourg Saint-Antoine, der sich erst spät dem Aufstand anschloß, gab ihm den Charakter der Beharrlichkeit und Entschlossenheit, der seiner fleißigen Bevölkerung eigen ist. Die Bewohner dieses Viertels, Arbeiter von rechtschaffener Art, sehr kinderreich, ohne Schwärmerei, in keiner Weise für die sozialistischen Ideen gewonnen, aber der Republik verbunden und voll seltener Willenskraft, hatten sich am ersten Tag nicht dazu entschlossen, zu den Waffen zu greifen. Doch waren die Arbeiter seit dem 24. Februar, da es fast keine Arbeit mehr gegeben hatte, in ein schreckliches Elend geraten. Am Rathaus wurden täglich bis zu 60000 Brotgutscheine ausgegeben; aber bevor sich die Arbeiter für den Aufstand aussprachen, von dem ihnen durch Barrikadenbauer aus anderen Stadtvierteln berichtet wurde, wollten sie sich Gewißheit über seine Ursachen und sein Ziel verschaffen. (. . .)

Am 24. Juni erscheinen sehr aktive Agitatoren bei den Arbeitern, ein gewisser Lacollonge, ein Fabrikarbeiter namens Racari, Pellieux und einige weitere wild begeisterte Mitglieder politischer Clubs und berichten in dem Stadtviertel, die Royalisten griffen die Regierung an, sie seien bereits die Herren der Nationalversammlung und der Exekutivkommission, sie hätten die Absicht, das Proletariat auszurotten oder es durch das Elend in die Sklaverei zu zwingen. (. . .)

Diese Reden entflammten die Gemüter. (. . .)

Am 25., als der allgemeine Aufstand schon eine rückläufige Tendenz hat, gelangen die Arbeiter des Faubourg Saint-Antoine zu der Ansicht, daß energisch gehandelt werden muß. Abscheuliche Lügen ihrer Anführer, die ihnen die Nachrichten aus den anderen Stadtvierteln vorenthalten und in ihnen die verrücktesten Illusionen nähren, veranlassen sie, sich, ohne die geringste Aussicht auf Erfolg, in einen Kampf bis zum Äußersten zu stürzen.

Stern III, 239f.

Drei Parlamentarier aus dem Faubourg Saint-Antoine begeben sich am 26. aus der Nationalversammlung zu den Barrikadenchefs, um sie zur Einstellung des Kampfes zu bewegen. Sie kehren auf die andere Seite der Barrikade zurück und verhandeln mit dem Präsidenten der Nationalversammlung und einigen Generälen, die bereit sind, eine ehrenvolle Waffenniederlegung zu akzeptieren und auf die militärische Besetzung des Faubourg zu verzichten. Dann erscheint Cavaignac, der Oberkommandierende, und besteht auf der bedingungslosen Kapitulation. Die drei Parlamentarier kehren zur Place de la Bastille zurück.

Es ist ein feierlicher Augenblick. Tiefe Stille herrscht ringsum. Regungslos steht die bewaffnete Menge, alle Augen folgen den Schritten der Abgeordneten. Sie gehen langsam zur Barrikade, sie steigen hinauf; sie sprechen einige Worte, die nur die Aufständischen verstehen.

Sofort steigt ein ungeheurer Lärm in die Luft; ein dumpfes Brüllen, unheimlicher als das Krachen der Schüsse, dröhnt einige Minuten lang und pflanzt sich von einem Ende des Faubourg zum anderen fort: »Nieder mit Cavaignac!«, schreien mehr als sechstausend Stimmen zugleich, »Tod dem Henker des Volkes!«

Diese letzte Verwünschung einer ohnmächtigen Verzweiflung verhallt, erlischt in einer fürchterlichen Stille. (. . .)

Der General Perrot gibt das Signal. Im selben Augenblick hört man den ersten Schuß der Kanonen von General Lamoricière, der seit dem Vorabend alle Barrikaden der äußeren Boulevards erobert hat und jetzt das Feuer auf den Boulevard du Temple eröffnet. Die Soldaten stürmen vorwärts. (. . .) Nach viertelstündigem Kampf verlöscht das Feuer der Aufständischen. (. . .) Die Aufständischen, die sich anfangs langsam zurückzogen und dabei ihre letzte Munition verschossen, erkennen schließlich, daß alles verloren ist und beginnen, ihre Barrikaden abzubauen; die Frauen ahnen, daß dies ein Weg ist, das schlimmste Unglück abzuwenden und arbeiten mit. Die Kühnsten und Tatkräftigsten der Kämpfer, die sich mit dieser Demütigung nicht abfinden können, ziehen sich in die Umgegend von Paris zurück.[21]

Stern III, 239 f.

Der Journalist Poulet-Malassis, den man in seiner Wohnung, Rue du Cloître-Saint-Benoît 4, verhaftet hatte, wurde durch den Hauptmann Oudinot von der 11. Legion, der ihn mit einem anderen Gefangenen abführte, in Sicherheit gebracht; aber in der Rue Racine erschoß ein Nationalgardist aus nächster Nähe diesen anderen Gefangenen, der am Vorabend dem Hauptmann Loverdo vom Generalstab das Leben gerettet hatte.[22]

Louis Ménard, in Le Peuple vom 2. 4. 1849.

[Die Gefangenen] waren in den Tuilerien unter der Uferterrasse eingesperrt. (. . .) Sie waren dort, neunhundert Mann, im Schmutz eng zusammengepfercht, schwarz von Pulver und geronnenem Blut, von Fieber geschüttelt und vor Wut schreiend; nicht einmal die Leichen der Verstorbenen wurden herausgeholt. Manchmal, wenn draußen das Krachen eines Schusses zu hören war, glaubten sie, man werde sie alle erschießen. Dann rannten sie gegen die Mauern an, taumelten aber gleich wieder an ihre Plätze zurück; so abgestumpft waren sie durch ihre Leiden, daß ihnen war, als lebten sie in einem Alptraum, in einer düsteren Sinnestäuschung. (. . .) Aus Furcht vor Epidemien wurde eine Kommission ernannt. Schon auf den ersten Treppenstufen prallte ihr Präsident entsetzt zurück, so grauenvoll schlug ihm der Gestank der Exkremente und der Leichen entgegen. Wenn sich die Gefangenen einer Kellerluke näherten, stießen die Wache stehenden Nationalgardisten, damit die Häftlinge die Gitter nicht lockerten, mit ihren Bajonetten in den Menschenhaufen hinein, wohin sie gerade trafen.

(. . .) Einer von ihnen, ein blutjunger Mensch mit langen blonden Haaren, preßte sein Gesicht an die Gitterstäbe und bat um Brot. Der alte Roque gebot ihm Schweigen. (. . .)

Andere Gefangene zeigten sich an dem Kellerloch mit langen Stoppelbärten und flammenden Augen; alle stießen einander beiseite und heulten: »Brot!«

Den alten Roque wurmte es, daß seine Autorität mißachtet wurde. Er wollte ihnen Angst einjagen und legte sein Gewehr auf sie an. Von den andrängenden Mitgefangenen, die ihn fast erstickten, bis zur Decke hochgehoben, schrie der junge Mann mit hintenübergebogenem Kopf noch einmal: »Brot!«

»So, da hast du's!«, rief der alte Roque und drückte ab.

Ein gellendes Geheul brach los, dann wurde es totenstill.

Am Rande des Latrinenkübels war etwas Weißes kleben geblieben.

Aus: Gustave Flaubert, Die Erziehung der Gefühle. 1869 (3. Teil, 1. Kap.)

Die *Junirevolution* ist die *häßliche* Revolution, die abstoßende Revolution, weil an die Stelle der Phrase die Sache getreten ist, weil die Republik das Haupt des Ungeheuers selbst entblößte, indem sie ihm die schirmende und versteckende Krone abschlug. (. . .)

Die Fraternité, die Brüderlichkeit der entgegengesetzten Klassen, von denen die eine die andere exploitiert, diese Fraternité, im Februar proklamiert, mit großen Buchstaben auf die Stirne von Paris geschrieben, auf jedes Gefängnis, auf jede Kaserne – ihr wahrer, unverfälschter, ihr prosaischer Ausdruck, das ist der – *Bürgerkrieg,* der Bürgerkrieg in seiner fürchterlichsten Gestalt, der Krieg der Arbeit und des Kapitals. Diese Brüderlichkeit flammte vor allen Fenstern von Paris am Abend des 25. Juni, als das Paris der Bourgeoisie illuminierte, während das Paris des Proletariats verbrannte, verblutete, verächzte.

Marx, Neue Rheinische Zeitung, 29. Juni 1848. MEW 5, 134.

Von der Bourgeoisie wurde das Pariser Proletariat zur Juniinsurrektion *gezwungen.* Schon darin lag sein Verdammungsurteil. Weder sein unmittelbares eingestandenes Bedürfnis trieb es dahin, den Sturz der Bourgeoisie gewaltsam erkämpfen zu wollen, noch war es dieser Aufgabe gewachsen. Der *»Moniteur«* mußte ihm offiziell eröffnen, daß die Zeit vorüber, wo die Republik vor seinen Illusionen die Honneurs zu machen sich veranlaßt sah, und erst seine Niederlage überzeugte es von der Wahrheit, daß die geringste Verbesserung seiner Lage eine *Utopie* bleibt *innerhalb* der bürgerlichen Republik, eine Utopie, die zum Verbrechen wird, sobald sie sich verwirklichen will. An die Stelle seiner, der Form nach überschwenglichen, dem Inhalte nach kleinlichen und selbst noch bürgerlichen Forderungen, deren Konzession es der Februarrepublik abdringen wollte, trat die kühne revolutionäre Kampfparole: *Sturz der Bourgeoisie! Diktatur der Arbeiterklasse!*

Marx, Die Klassenkämpfe in Frankreich 1848 bis 1850. MEW 7, 33.

Die Forderungen des Pariser Proletariats sind utopistische Flausen, womit geendet werden muß. Auf diese Erklärung der konstituierenden Nationalversammlung antwortete das Pariser Proletariat mit der *Juni-Insurrektion,* dem kolossalsten Ereignis in der Geschichte der europäischen Bürgerkriege. Die bürgerliche Republik siegte. Auf ihrer Seite stand die Finanzaristokratie, die industrielle Bourgeoisie, der Mittelstand, die Kleinbürger, die Armee, das als Mobilgarde organisierte Lumpenproletariat, die geistigen Kapazitäten, die Pfaffen und die Landbevölkerung. Auf der Seite des Pariser Proletariats stand niemand als es selbst. Über 3000 Insurgenten wurden niedergemetzelt nach dem Siege, 15000 ohne Urteil transportiert. Mit dieser Niederlage tritt das Proletariat in den *Hintergrund* der revolutionären Bühne.

Marx, Der achtzehnte Brumaire des Louis Bonaparte. 1852. MEW 8, 122.

An die Arbeiter

Es gibt böse Ideen, die man reichlich ausgenutzt hat und die man jetzt wirklich aufgeben sollte. Es handelt sich um die Ideen des Antagonismus, die mit der Absicht gesät wurden, Zwietracht zu ernten, wobei man gleichzeitig Brüderlichkeit predigte.

Allgemein gesagt, bestehen diese Ideen darin, die Bürger der verschiedenen Schichten als natürliche Feinde darzustellen, Haß und Neid in die Herzen einzuflößen, die aufgrund der Not allzu oft bösartigen Worten schutzlos offenstehen.

Man kennt heute die beklagenswerte Geschichte des Juniaufstands. (. . .)

Proudhon hat es gesagt, als einziger und erster: *»Der Aufstand ist sozialistisch.«* (. . .) Goldene Worte waren die Ursache von soviel Verbrechen, soviel Unglück, soviel Tränen! Der Aufstand erfolgte ohne Grund; das Verbrechen geschah ohne Grund. Soviele Versprechen: soviele Schüsse! Ihr habt die absolute Emanzipation und das sofortige Glück dekretiert: Auf, schnell, ans Werk, oder ich bringe dich um! Der Aufstand war legitim, wie der Mord.

. . . Gemeine Aufwiegler haben das Volk ins Verderben geführt. Und die Partei jener Leute, die man *Reaktionäre* nennt, hat nicht die Macht an sich gerissen; sie fiel, wie von der Vorsehung bestimmt, in ihre Hände, da es keinen legitimen Anwärter gab. (. . .)

Und seht, wie Gewalt, Ungestüm, Ungeduld und Verbrechen die Probleme nur vergrößern, anstatt sie zu lösen. (. . .) So wurde es notwendig, die Macht des Staates ganz außerordentlich zu stärken, wohingegen in der wahren REPUBLIK, der idealen REPUBLIK unserer Herzen, die universale Tugend dazu führen sollte, daß diese Macht geringer wird.

Die Tugend läßt sich in Wahrheit nicht befehlen, ebensowenig wie der Verzicht. Diese Dinge müssen zuerst in den Sitten der Menschen enthalten sein. (. . .)

Für uns sind die Demagogen nur elende Schmeichler des Volkes und die Pest der Republiken. (. . .)

Alle ehrlichen Republikaner sollten sich voller Vertrauen zusammenschließen und gut auf das Volk aufpassen, um es vor den Attilas der Demagogie zu schützen!

Aus den Baudelaire zugeschriebenen Artikeln in der Zeitung Le Représentant de l'Indre. Châteauroux, 26. Oktober 1848.

Die Greuel des Juni. Wahnsinn des Volkes und Wahnsinn der Bourgeoisie. Natürliche Liebe zum Verbrechen.

Aus: Baudelaire, Mein entblößtes Herz. Posthum, geschrieben um 1860.

Das Ende

In obigem Artikel vom Oktober 1848 verurteilt Baudelaire den Aufstand als ein »Verbrechen« und verleugnet implizit seine Teilnahme. Man kann Baudelaires Verhalten als ein Schwanken zwischen Proudhon und Blanqui verstehen. Seine Neigung zu Blanquis Programm der revolutionären Aktion ist eine emotional bestimmte; sein Bewußtsein orientiert sich an Proudhon, der für die gewaltlose Lösung plädierte. Baudelaire kannte Proudhon persönlich (er warnte ihn vor einem Attentat, das gegen ihn geplant war; vgl. die Briefe vom 21. und 22. August 1848 und vom 1. März 1865). Die *Tribune* war proudhonistisch orientiert. 1851 nannte er Proudhon »einen Schriftsteller, um den uns Europa immer beneiden wird« und im Dupont-Aufsatz (s. unten S. 77) spricht er von einer »geheimen Wahlverwandtschaft«, die ihn mit Proudhon verbindet. (Vgl. auch noch die Briefe vom 8. und 12. 2. 1865.) Erst in seinem letzten Gedicht (s. unten S. 119) wendet sich Baudelaire von Proudhon ab.

Im November 1848 steht in der Zeitschrift *L'Echo des marchands de vin,* die Baudelaires Gedicht »Der Wein des Mörders« abdruckte, eine Anzeige des Verlags Michel Lévy: »Limbus, Gedichte von Charles Baudelaire. Dies Buch wird in Paris und Leipzig am 24. Februar 1849 erscheinen.« Das Buch sollte also zum Jahrestag der Februarrevolution herauskommen! Limbus ist bei Dante die Vorhölle, bei Balzac ein Wort für Hölle; Fourier bezeichnet mit »limbischer Zivilisation« die schlimme Gegenwart, die durch eine sozialistische Umwälzung von der »harmonischen Zivilisation« abgelöst werden wird[23]. Ein Kritiker meinte zu der Ankündigung, es werde sich um »sozialistische Verse« handeln. Baudelaire scheint in der Hölle zu sein, doch auf einen neuen Februar zu hoffen. Das Buch wurde 1850 noch einmal angekündigt (»Erscheint demnächst; dies Buch wird die Unruhe und die Melancholie der modernen Jugend darstellen.«) Die Notiz stand in der Zeitschrift *Le Magasin des familles,* wo Baudelaires Gedichte »Die Züchtigung des Stolzes« und »Die Seele des Weins« erschienen. Im April 1851 veröffentlichte Baudelaire elf Gedichte unter dem Obertitel »Limbus«; es dominieren darin die Themen der Depression und des Todes (drei Gedichte haben den Titel »Spleen«, darunter die Gedichte S. 19 und S. 20; auch »Das Ideal« stammte aus »Limbus«. »Der Tod der Armen«, siehe S. 41 gehört zu einer zweiten Limbus-Serie).

Baudelaire scheint aber zu diesem Zeitpunkt wieder Hoffnungen zu haben, wie etwa Stellen aus dem Aufsatz »Wein und Haschisch, verglichen als Mittel zur Steigerung der Persönlichkeit« vom März 1851 zeigen, wo er die Tat preist und die Isolierung verwirft:

»Einer der Nachteile des Haschisch besteht darin, daß es eine antisoziale Wirkung hat, wohingegen der Wein tief menschlich ist, ich wage fast zu sagen, er ist wie ein Mann der Tat. (. . .)

Wein steigert die Willenskraft; Haschisch zerstört sie. Wein ist eine Hilfe für den Körper; Haschisch ist eine Waffe zum Selbstmord. Wein ist gut und gesellig; Haschisch isoliert.

Aus jener Zeit stammen auch die Gedichte »Die Verleugnung des Heiligen Petrus« und »Der Wein der Lumpensammler« (S. 37, S. 40[24]) (auch »Die Abenddämmerung« entstand damals). Baudelaire wird unter den Mitarbeitern der Zeitschrift »La République du Peuple, Almanach démocratique« aufgeführt. Der wichtigste Text jener Zeit ist der Dupont-Aufsatz vom August 1851, den Walter Benjamin als Baudelaires »revolutionäres Manifest« bezeichnete, doch vertritt Baudelaire auch hier seinen Standpunkt von 1848; er verherrlicht die Februarrevolution und die Republik. Der Juni selbst wird nicht genannt, doch verbirgt er sich in dem »abscheulichen Bürgerkrieg«. Das Lied Duponts, aus dem Baudelaire zitiert, heißt »Die Junitage«. Baudelaire nimmt Partei für die Arbeiter, doch sie erscheinen nicht als das revolutionäre Subjekt der Geschichte, sondern aus der Sicht der Vertreter des »kritisch-utopistischen Sozialismus« als Leidende: »Nur unter diesem Gesichtspunkt der leidendsten Klasse existiert das Proletariat für sie.« Das Kommunistische Manifest (dem dieser Satz entstammt, MEW 4, 490) zeigte die wahren Fronten.

Man wird diese Texte Baudelaires als Reflex der allgemeinen politischen Entwicklung bzw. der damit verknüpften Hoffnungen sehen: Zwar hatte Louis Bonaparte am 10. Dezember 1848 mit 5,4 Millionen Stimmen die Präsidentschaftswahlen gewonnen (Cavaignac erhielt 1,4 Millionen, der sozialistische Kandidat Raspail 36920), was Marx erklärte: »Kleinbürgerschaft und Proletariat hatten en bloc *für* Napoleon gestimmt, um *gegen* Cavaignac zu stimmen und durch Zusammenhalten der Stimmen der Konstituante die schließliche Entscheidung zu entreißen.« (MEW 7, 45) Doch 1850 schien die sozialistische Bewegung wieder zu erstarken; Marx war voller Optimismus (täuschte sich allerdings, wie Engels 1895 – siehe Seite 78 – darlegte):

Ungehindert durch die Provokationen der Regierung, die nur die allgemeine Gereiztheit gegen den bestehenden Zustand erhöhten, stellte das Wahlkomitee, ganz unter dem Einflusse der Arbeiter, drei Kandidaten für Paris auf: *de Flotte, Vidal* und *Carnot. De Flotte* war ein Junideportierter, amnestiert durch einen der Popularitätseinfälle Bonapartes, er war ein Freund Blanquis und hatte sich an dem Attentat vom 15. Mai beteiligt. *Vidal,* als kommunistischer Schriftsteller bekannt durch sein Buch »Über die Verteilung des Reichtums«, ehemaliger Sekretär Louis Blancs in der Kommission des Luxembourg; *Carnot,* Sohn des Konventsmannes, der den Sieg organisiert hatte, das wenigst kompromittierte Glied der Nationalpartei, Unterrichtsminister in der provisorischen Regierung und Exekutivkommission, durch seine demokratische Gesetzvorlage über den Volksunterricht ein lebendiger Protest gegen das Unterrichtsgesetz der Jesuiten. (. . .)

Es war dies eine *allgemeine Koalition gegen die Bourgeoisie und die Regierung, wie im Februar.* Aber diesmal war das *Proletariat der Kopf der revolutionären Ligue. (. . .)*

Die Wahl vom 10. März 1850! Es war die Zurücknahme des Juni 1848: Die Massacreurs und Deporteurs der Juniinsurgenten kehrten in die Nationalversammlung zurück, aber gebeugt, im Gefolge der Deportierten, und ihre Prinzipien auf den Lippen.

Marx, Die Klassenkämpfe in Frankreich 1848 bis 1850. 1850. MEW 7, 91

Ich habe die »Gesänge und Lieder« von Pierre Dupont[25] noch einmal genau gelesen und bleibe der Überzeugung, daß der Erfolg dieses neuen Dichters ein bedeutendes Ereignis darstellt und zwar nicht so sehr wegen der in ihm selbst liegenden Qualitäten, die durchaus sehr groß sind, als wegen der allgemeinen Empfindungen, die in dieser Dichtung zum Ausdruck kommen, da Pierre Dupont sich zu ihrem Echo gemacht hat.

(. . .) Die puerile Utopie der Schule der *Kunst um der Kunst willen,* die die Moral und oft sogar die Leidenschaft ausschloß, konnte nur steril sein. Sie setzte sich in einen offenkundigen Gegensatz zum Geiste der Menschheit. Im Namen der höheren Gesetze des universalen Lebens haben wir das Recht, sie für eine Irrlehre zu erklären.

(. . .) Ich ziehe den Dichter vor, der in ständiger Kommunikation mit den Menschen seiner Zeit lebt und mit ihnen Gedanken und Gefühle in einer würdigen Sprache von hinreichender Korrektheit austauscht. Der Dichter befindet sich an einem Punkte des Kreises, der die Menschheit umspannt und schickt den Gedanken, der ihm von den Menschen übermittelt wurde, in melodischeren Schwingungen zurück; jeder echte Dichter muß eine Verkörperung der Menschheit sein. (. . .) Und als ein Dichter auftrat, der, manchmal ungeschickt, aber fast immer groß, in flammenden Worten die Heiligkeit der Revolution von 1830 verkündete (. . .), da war, trotz mangelhafter Reime, Pleonasmen und unfertiger Perioden, die Streitfrage entschieden und die Kunst war fortan untrennbar von Moral und Nützlichkeit. (. . .)

Unter Louis-Philippe wurde der Geist allein übermäßig erregt, das Herz hatte keinerlei Anteil am Geschehen.

(. . .) Es ist zu zeigen, welche wunderbare Logik bei der Entstehung der materiellen Tatsachen und der moralischen Phänomene existiert. Das Publikum möchte sich über die Bildung der Geister klarwerden, denen es sein Vertrauen schenkt; es wird hierin von einem unbezähmbaren Gefühl der Gleichheit getrieben. »Du hast unser Herz angerührt! Du mußt uns zeigen, daß Du nur ein Mensch bist und daß es die gleichen Möglichkeiten der Vervollkommnung in uns allen gibt.« (. . .) Der riesige Appetit, den wir auf Biographien haben, erwächst aus einem tiefen Gefühl der Gleichheit.

(. . .) Als ich diesen wunderbaren Aufschrei des Schmerzes und der Melancholie hörte (»Der Gesang der Arbeiter«, 1846) war ich geblendet und gerührt. Seit so vielen Jahren hatten wir auf ein wenig starke und wahre Dichtung gewartet! Welcher Partei man auch angehören mag, welche Vorurteile auch in einen eingepflanzt wurden, es ist unmöglich, vom Anblick dieser kränkelnden Menge nicht berührt zu werden, die den Staub der Werkstätten einatmet und Wolle schluckt, die von Bleiweiß, Quecksilber und allen Giften, die zur Herstellung der Meisterwerke nötig sind, verseucht wird, die im Ungeziefer schläft, in Vierteln, wo die bescheidensten und die strahlendsten Tugenden neben den hartgesottensten Lastern und dem Auswurf des Bagno hausen, jener seufzenden und siechenden Menge, der die ›Erde ihre Wunderwerke verdankt‹, die ein ›rotes und ungestümes Blut in ihren Adern‹ fühlt, die einen langen Blick voller Trauer auf Licht und Schatten der großen Parks wirft und die genügend Trost und Stärkung findet, wenn sie aus Leibeskräften immer wieder ihren erlösenden Refrain hinausschreit: »Lieben wir uns!«

Die Februarrevolution brachte diese ungeduldige Blüte zur Entfaltung und gab dem Ton des Volkes neue Kraft; alle Leiden und alle Hoffnungen der Revolution klangen in der Dichtung Pierre Duponts wider. (. . .)

(. . .) Der Optimismus Duponts, sein unbegrenztes Vertrauen in die natürliche Güte des Menschen, seine fanatische Liebe zur Natur machen den größten Teil seines Talents aus. (. . .) Die melancholische Schönheit der Natur hat in seiner Seele einen solchen Eindruck hinterlassen, daß die ersten Bilder und die ersten Verse, die ihm einfallen, wenn er ein Lied der Trauer über den abscheulichen Bürgerkrieg schreiben will, die folgenden sind:

Frankreich ist bleich wie eine Lilie,
Die Stirn bekränzt mit grauem Eisenkraut.

(. . .) Worin besteht das große Geheimnis Duponts, woher kommt die Sympathie, die ihn umgibt? (. . .) Dies Geheimnis besteht in der Liebe zur Tugend und zur Menschheit und in jenem etwas, das seine Dichtung unablässig ausströmt und das ich die unendliche Liebe zur Republik nennen möchte.

Es gibt noch etwas, ja, es gibt noch mehr.

Das ist die Freude!

(. . .) Verschwindet doch, trügerische Schatten von René, Obermann und Werther, entflieht in die neblige Leere, ungeheuerliche Ausgeburten der Trägheit und der Einsamkeit. (. . .) Der Geist der Tat gewährt euch keinen Platz mehr unter uns.

Beim Lesen von Duponts Werk kommt mir immer wieder, sicher aufgrund einer geheimen Wahlverwandtschaft, Proudhons erhabene Aufwallung voller Zartheit und Begeisterung in den Sinn: Er hört jemanden das Lyoneser Lied trällern,

Auf, nur Mut,
Ihr tüchtigen Arbeiter!
Mit Lust ans Werk,
Seien wir die ersten!

und ruft aus:

»So gehe singend an die Arbeit, auserwählte Rasse, dein Lied ist schöner als die Marseillaise.«

Es wird die ewige Ehre Pierre Duponts sein, als erster das Tor aufgebrochen zu haben. Mit der Axt in der Hand hat er die Kette der Zugbrücke zur Festung durchhauen; jetzt kann die Dichtung des Volkes eintreten.

Große Verwünschungen, tiefe Seufzer der Hoffnung, Schreie eines unendlichen Mutes beginnen alle Herzen höher schlagen zu lassen. All dies wird Buch, Dichtung und Gesang werden, trotz aller Widerstände.

Zu Großem ist die Dichtung bestimmt. Freudig oder

klagend, immer wird sie das göttliche Wesen der Utopie in sich tragen. Unaufhörlich widerspricht sie dem Gegebenen, sonst würde sie aufhören zu sein. Im Kerker wird sie Revolte; am Fenster des Krankenhauses wird sie glühende Hoffnung auf Heilung; in der abgerissenen und unsauberen Dachkammer schmückt sie sich wie eine Fee mit Überfluß und Eleganz; sie nennt die Übel nicht nur beim Namen, sondern heilt sie. Überall greift sie die Ungerechtigkeit an.

So schreite in die Zukunft und singe, Dichter, den uns die Vorhersehung gesandt hat, deine Gesänge sind das leuchtende Abbild der Hoffnungen und Überzeugungen des Volkes!

Aus Baudelaires Einleitung zu Pierre Dupont,
Chants et Chansons, erschienen im August 1851.

Die proletarischen Massen selbst waren sogar in Paris noch nach dem Sieg absolut im unklaren über den einzuschlagenden Weg. Und doch war die Bewegung da, instinktiv, spontan, ununterdrückbar. War das nicht gerade die Lage, worin eine Revolution gelingen mußte, geleitet zwar von einer Minorität, aber diesmal nicht im Interesse der Minorität, sondern im eigentlichsten Interesse der Majorität? (. . .)

Und wenn nun gar, wie im dritten Artikel von Marx nachgewiesen, im Frühjahr 1850 die Entwicklung der aus der »sozialen« Revolution von 1848 erstandenen bürgerlichen Republik die wirkliche Herrschaft in den Händen der – obendrein monarchistisch gesinnten – großen Bourgeoisie konzentriert, dagegen alle anderen Gesellschaftsklassen, Bauern wie Kleinbürger, um das Proletariat gruppiert hatte, derart, daß bei und nach dem gemeinsamen Sieg nicht sie, sondern das durch Erfahrung gewitzigte Proletariat der entscheidende Faktor werden mußte – war da nicht alle Aussicht vorhanden für den Umschlag der Revolution der Minorität in die Revolution der Majorität?

Die Geschichte hat uns und allen, die ähnlich dachten, unrecht gegeben.

Engels, Einleitung zu »Die Klassenkämpfe in Frankreich von 1848 bis 1850« von Karl Marx, für die Ausgabe von 1895. MEW 7, 515, 516.

Der Staatsstreich vom 2. Dezember 1851, bei dem Louis Bonaparte nur auf sehr geringe Gegenwehr traf, wirkte auf die ganze Welt wie ein unerwarteter »Blitzschlag«, als »Rätsel« (MEW 8, 119–20). Beim Plebiszit vom 21. 12. 1851 erhielt er 7,4 Millionen Ja-Stimmen gegen 640000 Nein-Stimmen. Für Baudelaire, der bei den Gruppen gewesen zu sein scheint, die Widerstand leisteten, waren die Ereignisse »niederschmetternd« (»foudroyant« von foudre = Blitzschlag). Im Tagebuch grübelt er über das historische Rätsel; wieder zeigt sich Proudhons Einfluß: Baudelaire verbindet den Erfolg von Louis Bonaparte mit der Idee der Vorhersehung, der Vorherbestimmtheit (diese Idee fand sich auch im Dupont-Aufsatz, wo ebenfalls Proudhon erschien), was Proudhon bereits 1849 anläßlich des Wahlsiegs vom 10. Dezember 1848 getan hatte: »O Vorhersehung! du hast gesiegt; deine Wege sind unerforschlich! (. . .) Wahrlich, ich sage euch: Die Rolle des Präsidenten der Republik stand im Buche des Schicksals vorgeschrieben[26].« Wieder lassen sich Baudelaires Äußerungen mit Marx und Engels sehr genau kommentieren.

Und es hat auch schon etwas Verblüffendes, wenn ein verhältnismäßig unbekannter Abenteurer, dem der Zufall die Exekutivgewalt einer großen Republik in die Hand spielt, über Nacht alle wichtigen Posten in der Hauptstadt besetzt, das Parlament wie Spreu im Winde zerstreut, den Aufstand in Paris in zwei Tagen und die Unruhen in der Provinz in zwei Wochen unterdrückt, sich mit Hilfe einer Scheinwahl einem ganzen Volk aufzwingt und im gleichen Atemzug eine Verfassung einführt, die die gesamte Staatsmacht auf ihn überträgt. So etwas ist noch nie dagewesen, solch eine Schmach hat keine Nation erduldet, seit die prätorianischen Legionen des untergehenden Roms das Imperium unter den Hammer brachten und an den Meistbietenden verkauften. (. . .)

Die aktive Agitation der sozialistisch-demokratischen Partei und mehr noch die Enttäuschung, die Louis-Napoleons Maßnahmen ihnen bald bereiteten, führten einen Teil dieser Bauernklasse in die Reihen der roten Partei; aber in ihrer Masse klebte sie an ihren Traditionen und meinte, wenn Louis-Napoleon sich bislang noch nicht als der Messias erwiesen habe, mit dem man gerechnet, so sei das Schuld der Nationalversammlung, die ihn kneble. Außer in der Masse der Bauernschaft fand Louis-Napoleon – selber eine Art vornehmer Gauner und umgeben von der Elite des eleganten Hochstaplergesindels – Unterstützung im verkommensten und liederlichsten Teil der Stadtbevölkerung. Diesen Teil seiner Anhängerschaft vereinigte er in einer bezahlten Truppe, die sich »Gesellschaft vom 10. Dezember« nannte. (. . .)

Gerade die Klassengegensätze begünstigten unter den damaligen Umständen die Pläne Napoleons. Er stürzte das Bourgeoisparlament und zerstörte so die politische Macht der Bourgeoisie. Und die Proletarier sollten darüber nicht jubeln. Sicherlich konnte man von den Proletariern nicht erwarten, daß sie für eine Nationalversammlung kämpfen würden, die ihr Todfeind gewesen! Aber gleichzeitig bedrohte Louis-Napoleons Usurpation das gemeinsame Kampffeld aller Klassen sowie die letzte vorteilhafte Stellung der Arbeiterklasse – die Republik. Man überlege, sobald sich die Arbeiter zur Verteidigung der Republik erhoben, schloß sich die Bourgeoisie ausgerechnet jenem Manne an, der ihr gerade die Macht entrissen hatte, denn ihr ging es darum, die Arbeiterklasse, als den allgemeinen Feind der Gesellschaft, zu schlagen. So sah es in Paris aus, so in den Provinzen – und die Armee siegte ohne viel Mühe über die konkurrierenden, gegnerischen Klassen. Und nach dem Sieg traten die Millionen kaisertreuer Bauern mit ihren Stimmzetteln an, und während amtliche Fälschungen ihren Teil dazu beitrugen, setzten doch sie die Regierung Louis-Napoleons ein als die des Repräsentanten eines nahezu einmütigen Frankreichs.

Engels, Die wirklichen Ursachen der verhältnismäßigen Inaktivität der französischen Proletarier im vergangenen Dezember. In: ›Notes to the people‹ vom 21. Februar und 27. März 1852. MEW 8, 221–227.

Erst unter dem zweiten Bonaparte scheint sich der Staat völlig verselbständigt zu haben. Die Staatsmaschine hat sich der bürgerlichen Gesellschaft gegenüber so befestigt, daß an ihrer Spitze der Chef der Gesellschaft vom 10. Dezember genügt, ein aus der Fremde herbeigelaufener Glücksritter, auf den Schild gehoben von einer trunkenen Soldateska, die er durch Schnaps und Würste erkauft hat, nach der er stets von neuem mit der Wurst werfen muß. Daher die kleinlaute Verzweiflung, das Gefühl der ungeheuersten Demütigung, Herabwürdigung, das die Brust

Frankreichs beklemmt und seinen Atem stocken macht. Es fühlt sich wie entehrt.

Marx, Der achtzehnte Brumaire des Louis Bonaparte. 1852. MEW 8, 197

Von den Schriften, welche ungefähr *gleichzeitig* mit der meinigen denselben Gegenstand behandelten, sind nur zwei bemerkenswert: *Victor Hugos »Napoléon le petit«* und *Proudhons »Coup d'état«*.

Victor Hugo beschränkt sich auf bittere und geistreiche Invektive gegen den verantwortlichen Herausgeber des Staatsstreichs. Das Ereignis selbst erscheint bei ihm wie ein Blitz aus heitrer Luft. Er sieht darin nur die Gewalttat eines einzelnen Individuums. Er merkt nicht, daß er dies Individuum groß statt klein macht, indem er ihm eine persönliche Gewalt der Initiative zuschreibt, wie sie beispiellos in der Weltgeschichte dastehen würde. Proudhon seinerseits sucht den Staatsstreich als Resultat einer vorhergegangenen geschichtlichen Entwicklung darzustellen. Unter der Hand verwandelt sich ihm jedoch die geschichtliche Konstruktion des Staatsstreichs in eine geschichtliche Apologie des Staatsstreichshelden.

Marx, Vorwort zur zweiten Ausgabe von: Der achtzehnte Brumaire des Louis Bonaparte. 1869. MEW 8, 559.

Sie haben mich nicht bei der Wahl gesehen; ich habe da eine vorgefaßte Meinung. Der 2. Dezember hat mich *physisch entpolitisiert*. (...) Wenn ich gewählt hätte, ich hätte nur mich selbst wählen können. Vielleicht gehört die Zukunft den *Deklassierten?*

Aus einem Brief Baudelaires vom 5. 3. 1852

Ich bin entschlossen, von jetzt an den Streitigkeiten der Menschen fern zu bleiben und entschlossener als je zuvor, den hohen Traum einer Anwendung der Metaphysik auf den Roman zu verfolgen.

Aus einem Brief Baudelaires vom 20. 3. 1852.

Von den politischen Ereignissen und von der niederschmetternden Wirkung, die sie auf mich gehabt haben, werde ich Dir ein anderes Mal schreiben.

Aus einem Brief Baudelaires vom 27. 3. 1852.

Meine Wut beim Staatsstreich. Wieviel Schüssen war ich ausgesetzt! Noch ein Bonaparte! Welche Schmach!

Und doch hat sich alles beruhigt. Kann der Präsident nicht ein Recht für sich in Anspruch nehmen?

Was der Kaiser Napoleon III. ist. Was er wert ist. Die Erklärung für sein Wesen und seine Vorherbestimmtheit finden. (. . .)

Alles in allem wird der große Ruhm Napoleons III. vor der Geschichte und vor dem französischen Volk in dem Beweis liegen, daß der erste beste, indem er sich des Telegraphen und der Nationaldruckerei bemächtigt, eine große Nation regieren kann.

Dummköpfe sind die, die glauben, daß solche Dinge ohne die Zustimmung des Volkes geschehen können – und ebenso die, die glauben, daß der Ruhm nur auf echten Tugenden beruhen könne.

Aus: Baudelaire, Mein entblößtes Herz. Posthum; geschrieben um 1860.

Rätselhaft und traumatisch wie der Staatsstreich selbst waren auch seine Folgen in der Kunst, zu denen vor allem die Richtung des ›L'art pour l'art‹ gehörte, ein Phänomen, das Plechanow[27] bereits 1912 untersuchte:

Die Neigung der Künstler und Menschen, die sich lebhaft für künstlerische Schöpfung interessieren, zur Kunst für die Kunst entsteht auf der Grundlage ihres hoffnungslosen Zwiespaltes mit dem sie umgebenden gesellschaftlichen Milieu.

(. . .) noch 1851 nannte Baudelaire im Vorwort zu den »Chansons« des Pierre Dupont die Theorie der Kunst für die Kunst kindisch (puérile) und verkündete, die Kunst habe gesellschaftlichen Zielen zu dienen. Erst der Sieg der Konterrevolution brachte Baudelaire und andere Künstler, die ihm in ihrer Einstellung nahestanden, endgültig zu der »kindischen« Theorie der Kunst für die Kunst zurück. Eine der späteren Leuchten des »Parnaß«, Leconte de Lisle, hat den psychologischen Sinn dieser Umkehr im Vorwort zu seinen »Poèmes antiques«, deren erste Auflage im Jahre

1852 erschien, äußert klar aufgedeckt. Wir lesen dort bei ihm, die Dichtkunst werde nie mehr heroische Handlungen hervorbringen und gesellschaftliche Tugend einflößen, weil ihre geheiligte Sprache, wie immer in Zeiten literarischen Verfalls, jetzt nur noch kleinliche persönliche Eindrücke ausdrücken könne . . . und nicht mehr fähig sei, den Menschen zu unterweisen. An die Dichter gewandt, sagt Leconte de Lisle, jetzt sei das Menschengeschlecht, dessen Lehrmeister sie einst gewesen, über sie hinausgewachsen. Jetzt besteht die Aufgabe der Dichtkunst, nach den Worten des zukünftigen Parnassiens, darin, dem »ein ideelles Leben zu geben«, der ein »reales Leben« nicht mehr habe.

Dieser Gegensatz von *ideellem* und *realem Leben* wird bei Baudelaire in seinem Ursprung faßbar: Es war die ›physische Entpolitisierung‹, die ›Deklassierung‹, die die Abwendung von der Realität und den Aufbau einer irrealen Gegenwelt bewirkten. Baudelaire fiel in den Glauben seiner Kindheit zurück. Er empfand die Niederlage als Strafe, der Aufstand wurde zur Sünde, für die gebüßt werden mußte. »Die Blumen des Bösen« sind ein Sündenbekenntnis und die Verurteilung seiner eigenen Taten. *Spleen, Lesbos* und *Revolte* resultieren aus der Verführung durch Satan. Durch die Anordnung der Gedichte erscheint das Böse als eine Durchgangsphase auf dem Wege, der bei Gott beginnt und wieder zu ihm zurückführt. Freilich heißt der ganze Band »Die Blumen des Bösen«, also Blumen Satans, der Revolution und der Liebe – in Wahrheit ist das Böse das Gewünschte. Man muß das Buch »gegen den Strich« lesen (Benjamin).

Das folgende Kapitel bringt eine Auswahl aus Baudelaires späterem Werk, in dem ein allmählicher Wechsel der Position vollzogen wird. Baudelaire geriet nach 1857 in eine innere Krise: Die unterdrückten Impulse und Erfahrungen begannen wieder aufzusteigen und die *ideelle* Kunstwelt der »Blumen des Bösen« zu zersetzen. Es gab mannigfaltige Ursachen: Der Prozeß gegen die »Blumen des Bösen« mußte Haß in Baudelaire erzeugen sowie den Gedanken, daß Anpassung bzw. Maskierung sich nicht gelohnt hatten. 1857 starb Aupick, der für Baudelaire zum Symbol der Unterdrückung geworden war; auch stiegen nun Erinnerungen an die erste Witwenzeit der Mutter auf (vgl. den Brief, unten S. 95f). 1858 setzte die Wirkung der Paralyse ein (Baudelaire hatte sich in seiner Jugend mit Syphilis infiziert), wodurch sich die Barrieren des Über-Ichs lockerten.[28] Um 1859 begann auch die politische Opposition wieder zu erstarken, Baudelaires alte Interessen erwachten wieder (s. unten S. 85). Er widmet Hugo, dem Symbol der politischen Emigration, die drei bedeutendsten »Pariser Bilder«. Er möchte aus der Isolation des »physisch Entpolitisierten« (s. S. 81) ausbrechen.

Eine sich an der Chronologie orientierende Lektüre läßt zwei Etappen des späteren Werkes erkennen. Von 1859–61 phantasiert Baudelaire von Tod und Wiedergeburt. Er verläßt seine alte Traumwelt und läßt sich in die Tiefe fallen, ins »reale Leben« (Plechanow), was mit Todesängsten verbunden ist (»Die Reise«). Zugleich stellt er für die zweite Auflage der »Blumen des Bösen« (1861) die Kapitel um: »Blumen des Bösen« und »Revolte« stehen nun vor »Der Tod« und dieses Kapitel ist durch das neue, sehr gewichtige Schlußgedicht »Die Reise« völlig in seiner Tendenz verändert, wodurch sich auch der ganze Band gewandelt hat; er endet nicht mehr in der Höhe bei Gott, sondern ist als Ganzes ein Weg in die Tiefe. Außerdem wird als neues zweites Kapitel »Pariser Bilder« eingefügt.

Von der Logik der Bilder in ihrer Entwicklung her folgt auf »Die Reise« das Gedicht »Das Haar«. Hier ist der Dichter in einem »schwarzen Ozean«; die Angst hat sich in Lust verwandelt. Das »Neue« erscheint aber erst im Guys-Aufsatz: Es ist die berauschende Phantasmagorie der hochkapitalistischen Warenwelt, wie sie sich vor allem in der Mode darstellt. Doch flaniert er nicht nur über die Boulevards und durch die Passagen der Kaufhäuser, sondern wagt sich auch wieder in die Faubourgs der Arbeiter und dort begegnet ihm das Elend in gespenstischer Weise; Erinnerungen an 1848 steigen in ihm auf (»Die sieben Greise«, »Die alten Weibchen«). Vor dem neuen Louvre von Napoleon III. konfrontiert sich Baudelaire mit diesem Konflikt und entscheidet sich für die »Besiegten« und »Verbannten« (»Der Schwan«). Die Schärfe des Konflikts evoziert die Krisensituation seiner Kindheit, die Zeit zwischen dem 6. und 8. Lebensjahr; die Eltern sind in den Figuren der drei Gedichte mitenthalten. – Baudelaires wiedergefundene Lebensgier aber sucht Kontakt. In »Sammlung« wird sie noch einmal abgewiesen, doch dann gelingt es seiner Phantasie, die Euphorie der Verbrüderung vom Februar 1848 wiederzufinden (»Die Menge«).

In der zweiten Etappe (1862–65) wird dieser Rausch allmächlich als Illusion erkannt, das Elend der Massen dringt in Baudelaires Bewußtsein und verbindet sich mit seiner eigenen Misere, bis schließlich die Erinnerung an den Juni 1848 durchbricht (»Prügeln wir die Armen!«).

Die Auswahl bestimmter Texte in Vers und Prosa und ihre Anordnung zielt darauf, daß – bei genauer Lektüre der Bilder und Figuren und ihrer Verbindung zu einer einheitlichen Geschichte – der erwähnte Entwicklungsprozeß erkennbar wird. Zu erwähnen ist hier, daß »meine Kinder« in der letzten Strophe von »Die alten Weibchen« im Original »meine Familie« heißt, was mit der Familie am Ende von »Die Menge« und von »Der alte Clown« zu kombinieren wäre.

Der Aufstand des Verdrängten. Baudelaires Werke 1859–1865

Die Wiedergewinnung des Februarrausches

Ich habe mich zwanzig Mal überredet, daß ich mich nicht mehr für Politik interessiere und bei jeder wichtigen Frage packt mich wieder die Neugier und die Leidenschaft. (. . .) Ich bewundere es, mit welcher Gelehrigkeit der Kaiser dem Schicksal gehorcht, aber sein Schicksal schützt ihn. Wer denkt heute noch (. . .) an die Gemeinheiten, die uns vor kurzem beschäftigten! Reingewaschen ist der Kaiser! Mein Lieber, Du wirst sehen, man wird die Greuel, die im Dezember begangen wurden, vergessen. (. . .) Hast Du die bewundernswerte Rede von Jules Favre im Corps législatif gelesen (. . .)? Er hat ganz eindeutig die Notwendigkeit, die Zwangsläufigkeit der Revolution dargelegt.

Aus einem Brief Baudelaires an Nadar vom 16. 5. 1859.

Ich habe eine Novelle geschrieben, ausgehend von der Hypothese: Entdeckung einer Verschwörung durch einen Müßiggänger; er beobachtet sie bis zum Vorabend der Durchführung und wirft dann eine Münze, Zahl oder Wappen, um zu entscheiden, ob er sie der Polizei verraten wird.

Aus einem Brief Baudelaires an Poulet-Malassis vom 13. 6. 1859.

Die Verschwörung. Ich gehöre zu einer Rasse, die . . .

Der Wunsch nach dem Tod ist in mir immer mit dem Wunsch nach dem Leben verbunden. (. . .)

Wer wird also das Recht auf Selbstmord leugnen? . . .

– Wenn die Verschwörer die Flucht ergreifen, habe ich jedes Interesse am Leben verloren. Ich bin also daran interessiert, die Verschwörer anzufeuern. (. . .)

Kaum weiß man von der Verschwörung, kehrt die ganze Jugend wieder. Die Augen zeigen wieder Interesse am Leben. Die Erinnerungen drücken nicht mehr nieder. (Ein Abendessen bei den Armen. Es gibt also doch wahre Tugend unter den Menschen. Bescheidenheit, Hilfsbereitschaft). – Kaum ist die Verschwörung aufgeflogen, kehrt der Hang zum Nichts wieder.

Dummheit von Jean-Jacques Rousseau in Bezug auf die Möglichkeit, den Selbstmord zu verhindern.

Tagebuchnotizen Baudelaires

Herbstgesang

I

Bald werden wir in kaltes Dunkel tauchen;
Leb wohl, helles Licht unsrer zu kurzen Sommer!
Ich höre schon mit Sargespoltern fallen
Das Holz, das auf der Höfe Pflaster widerhallt.

Der ganze Winter kehrt in mich zurück: Zorn,
Haß, Schauder, Grauen, harte und erzwungene Arbeit,
Und, wie die Sonne in des Poles Hölle,
Wird auch mein Herz ein roter Eisblock sein.

Ich hör mit Zittern jedes Scheit, das fällt;
Und das Schafott, das man errichtet, tönt nicht dumpfer wider.
Mein Geist ist wie der Festungsturm, der stürzt
Unter den Stößen eines Sturmbocks, schwer und unermüdlich.

So scheint es mir, gewiegt von diesen monotonen Schlägen,
Daß man in großer Eile einen Sarg vernagelt, irgendwo . . .
Für wen? – Gestern war Sommer; jetzt ist Herbst!
Der geisterhafte Lärm klingt wie ein Aufbruch.

II

Ich liebe Eurer langen Augen grünes Licht,
Sanfte Schönheit, doch heute ist mir alles bitter,
Und nichts, nicht Eure Liebe, weder Bett noch Herd,
Ist mir den Sommer wert, der übers Meer hin strahlt.

Und dennoch, liebt mich, zartes Herz! Seid Mutter,
Selbst für den Undankbaren, für den Bösen selbst;
Geliebte oder Schwester, seid die flüchtige Süße
Ruhmreichen Herbstes oder sinkender Sonne.

So kurze Mühe! Es wartet schon das Grab; es ist so gierig!
Ach, laßt mich doch, die Stirn auf Euren Knien,
Genießen, voller Sehnsucht noch den weißen, heißen Sommer,
Den gelben, sanften Strahl der Nachsaison!

Die Reise

Tod, alter Kapitän, es ist Zeit! Heben wir den Anker!
Dies Land ist widerlich, Tod! Setzen wir die Segel!
Sind Himmel und Meer auch schwarz wie Tinte,
Unsere Herzen, die du kennst, sind von Strahlen erfüllt!

Gieß uns dein Gift ein, damit es uns stärke!
Wir wollen, so sehr brennt uns dies Feuer das Hirn,
Zur Tiefe des Abgrunds tauchen, Hölle oder Himmel, egal,
Auf den Grund des Unbekannten, um Neues zu finden!

Der Schlußteil (VIII) des Gedichtes aus dem Kapitel »Der Tod« –, Schluß der 2. Auflage der »Blumen des Bösen« (1861)

Das Haar

O vliess des krause wellen bis zur schulter schäumen!
O locken voll von unbewusstem wolgeruch!
Verzückung! um zu wecken heut in düstren räumen
Erinnerungen die in diesem haare träumen
Will ich im wind es schwenken wie ein taschentuch.

Die schmachtend müde Asia und Afrika voll gluten
Ein ganzes weltall · fern fast wie aus einer gruft ·
Kann ich · aroma-wald! in deinem grund vermuten.
Wie andre geister auf musik und stimmen fluten:
Der meine · o mein liebling · schwebt auf deinem duft.

Dort flieg ich hin wo baum wie mensch mit reicherm samen
Im heissen himmelsstrich sich dehnt zu langer rast.
Ihr flechten seid die wogen die mich mit sich nahmen.
Du fassest · meer von ebenholz · in lichtem rahmen
Den traum von segel ruder flammenschein und mast:

Den laut bewegten hafen wo mein herz ich weide
In tiefem zug an farbe an parfüm und ton·
Wo schiffe gleiten über gold und in der seide
Die weiten arme auf · umarmend das geschmeide
Des reinen firmamentes · ewiger wärme thron.

Ich tauche meine stirn im höchsten rausche trunken
In diesen ozean der andre in sich reiht –
Bis mein verfeinter geist im wellenspiel versunken
Euch wiederfinden wird – o trägheit · lebensfunken!
Endlose wiegungen gesalbter müssigkeit.

Ihr blauen haare · zelt von ausgespannten schatten ·
Ihr malt den azur-himmel rund und schrankenleer.
Auf der gewundnen strähnen daunenweichen matten
Berausch ich mich an wolgerüchen die sich gatten:
Am öl des kokosbaums am bisam und am teer.

Lang · immerwährend · wird in deiner schweren masche
Mein finger perle sän rubin und grünen stein –
Dass nie mein wunsch vergeblich nach dir hasche!
Bist du nicht die oase wo ich träume und die flasche
Aus der ich gierig schlürfe der erinnrung wein?

Übersetzung Stefan George

Vielleicht erinnert sich jemand eines Bildes (und das war wirklich ein Bild!), das von einer der fähigsten Federn der Epoche geschaffen war (Poe) und den Titel führte: Der Mann der Masse. Hinter der Scheibe eines Kaffeehauses betrachtet ein Genesender mit Genuss die Menge, vermischt sich in Gedanken mit allen Gedanken, die ihn umflattern. Erst jüngst den Schatten des Todes entronnen, atmet er mit Wonne all die Keime und Ausströmungen des Lebens ein. Ihm, der auf dem Punkte stand, alles zu vergessen, drängt sich die Erinnerung auf und der glühende Wunsch, sich an alles zu erinnern. Schließlich stürzt er sich mitten in die Menge, auf der Suche nach einem Unbekannten, dessen flüchtig wahrgenommenes Gesicht ihn im Augenblick bezaubert. Die Neugierde ist zu einer verhängnisvollen, unwiderstehlichen Leidenschaft geworden!

Wer sich einen Künstler vorstellt, der sich in geistiger Hinsicht beständig im Zustande des Genesenden befindet, hat den Schlüssel zum Charakter von Constantin Guys.

Die Genesung ist wie eine Rückkehr zur Kindheit. Der Genesende genießt im höchsten Grade, wie das Kind, die Fähigkeit, aufs lebhafteste selbst an den anscheinend alltäglichsten Dingen teilzunehmen. Richten wir unsere Phantasie nach rückwärts und suchen unsere kindlichsten und frühesten Eindrücke zu erfassen, so finden wir in ihnen eine merkwürdige Verwandtschaft mit den so lebendig gefärbten Eindrücken, die wir später im Anschluß an eine körperliche Krankheit empfingen, vorausgesetzt, daß sie unsere geistigen Fähigkeiten nicht in Mitleidenschaft gezogen hatte. Dem Kinde erscheint alles neu, es ist beständig im Zustande des Rausches. Nichts gleicht mehr dem, was man Inspiration nennt, als die Freude, mit der das Kind Form und Farbe in sich aufnimmt. Ich möchte noch weitergehen und behaupten, daß die Inspiration in irgendeiner Beziehung zum Blutandrang steht, und daß jeder erhabene Gedanke von einer mehr oder weniger starken nervösen Erschütterung begleitet ist, die bis ins Kleinhirn reicht. Das Genie hat starke, das Kind hat schwache Nerven. Bei dem einen nimmt die Vernunft einen beträchtlichen Platz ein, beim andern beherrscht das Gefühlsleben fast das ganze Wesen. Aber das Genie ist nichts als die freiwillig wiedergefundene Kindheit, die jetzt sozusagen über männliche Organe und den zergliedernden Geist verfügt, der ihm gestattet, die Masse des unfreiwillig aufgespeicherten Stoffes zu ordnen. Dieser tiefen und freudvollen Neugier entstammt der gespannte und tierisch entzückte Blick der Kinder vor dem neuen, was es auch sei, Landschaft, Licht, Vergoldung, Farben, schillernde Stoffe, Zauber der Schönheit, noch verschönt durch das Gewand. Einer meiner Freunde erzählte mir eines Tages, daß er als ganz kleiner Junge einmal dabei war, wic sein Vater sich wusch und mit entzücktem Schauder die Armmuskeln, das Farbenspiel der in Rosa und Gelb abgestuften Haut, das bläuliche Geflecht der Adern betrachtet habe. Das Bild des äußeren Lebens flößte ihm bereits damals Ehrfurcht ein und bemächtigte sich seines Denkens. Schon war er von der Form gequält und besessen. Die Vorherbestimmung zeigte schon frühzeitig ihr Antlitz. Der Fluch war ausgesprochen. Brauche ich noch zu sagen, daß dieses Kind heute ein berühmter Maler ist? (. . .)

Die Masse ist sein Bereich, wie die Luft der des Vogels, das Wasser der des Fisches. Seine Leidenschaft und sein Beruf ist, in der Masse aufzugehen. Für den vollendeten Bummler, den leidenschaftlichen Beobachter ist es ein ungeheurer Genuß, sich die Menge, das Wogende, Bewegte, Flüchtige und Unendliche zum Heim zu nehmen. Außerhalb seiner vier Wände zu sein und sich doch überall zu Hause zu fühlen, die Welt zu sehen, im Mittelpunkt der Welt und doch ihr verborgen zu sein, das sind einige der geringeren Genüße dieser unabhängigen, von Leidenschaft bewegten, vorurteilslosen Geister, für die die Sprache keinen richtigen Ausdruck hat. Der Beobachter ist ein Fürst, der überall sein Inkognito geniesst. Der Liebhaber der Welt hat die Welt zur Familie wie der Liebhaber des schönen Geschlechtes alle gesehenen, sehbaren und unsichtbaren Schönheiten, und wie der Kunstliebhaber in einer verzauberten Gesellschaft gemalter Träume lebt. So ist für den Liebhaber des universellen Lebens die Masse wie ein ungeheures Behältnis elektrischer Spannungen. Man kann ihn auch einem Spiegel vergleichen, ebenso ungeheuer wie die Masse selber, einem mit Bewusstsein begabten Kaleidoskop, das bei jedem Schütteln ein vielfaches Leben und den beweglichen Reiz aller Lebenselemente darstellt. Ein Ich, unersättlich des Nicht-Ich, das in jedem Augenblick es in lebendigeren Bildern zurückwirft und wiedergibt, als das unbeständige und flüchtige Leben selbst es könnte. »Jeder Mensch,« sagte einmals Guys in einem jener Gespräche, denen er durch einen versonnen Blick und eine beschwörende Geste Ausdruck verleiht, »jeder Mensch, den nicht ein allzu überwältigender Kummer aller seiner Fähigkeiten beraubt und der sich im Herzen der Masse langweilt, ist ein Dummkopf! Ein Dummkopf! Ich verachte ihn!«

Wenn Guys beim Erwachen die Augen aufschlägt und sieht, wie das Sonnenlicht donnernd gegen die Fensterscheiben schlägt, sagt er mit Gewissensbissen und Bedauern zu sich selbst: »Welch gebieterischer Befehl! Welch Lichtgeschmetter! Licht überall, schon seit mehreren Stunden! Licht, das ich verschlafen habe! Wie viele lichterhellte Dinge hätte ich sehen können, die ich nicht gesehen habe!« Und er bricht auf und sieht den Strom der Lebenskräfte gewaltig und strahlend dahingleiten. Er bewundert die ewige Schönheit und den erstaunlichen Zusammenklang des hauptstädtischen Lebens, den die Vorsehung in allem Getümmel menschlicher Freiheit aufrecht erhält.

Aus: Baudelaire, Der Maler des modernen Lebens; aus dem Kapitel ›Der Künstler als Weltmann, als Mann der Menge und als Kind‹ geschrieben 1859/60. Übersetzung E. E. Schwabach.

Die sieben Greise

Victor Hugo gewidmet

Wimmelnde Stadt, Stadt die erfüllt von Träumen
Wo das Gespenst bei Tag antritt den Mann!
Geheimes schwillt gleich Säften wenn sie schäumen
In engen Gossen des Kolosses an.

An einem Morgen als in tristen Straßen
Die Häuser die im Nebel aufgereckt
Zu Dämmen wurden die ein Strombett fassen
Und, dieses Mimen würdiger Prospekt

Ein gelber Dunstkreis alles überschwemmte
Schritt ich vertieft – heroisch auszuharren
Mein Herz beredend das Ermüdung lähmte –
Die Vorstadt hin die dröhnte von den Karren.

Da stieg ein Greis in Lumpen die verblassen
Vom Ton der Wolken dieser gelben feuchten
Des Antlitz Gaben hätte regnen lassen
Ohn seiner Blicke höchst gemeines Leuchten

Vor mir empor. Sein Auge blickte schwer
Wie voller Galle; Frost fiel ihm vom Lid
Sein Bartwuchs welcher hart war wie ein Speer
Glich dem des Jüngers der den Christ verriet.

Er, nicht gekrümmt, zerbrochen, und sein Rücken
Lief gen den Schenkel im genauen Lot
So daß sein Stab der dies Bild sonder Lücken
Vollendete ihm Aussehn lieh und Trott

Des lahmen Tiers, des Juden auf drei Pfoten
Durch Schnee und Pfützen ging es unablässig
Als wate er mit seinem Schuh in Toten
Mir schien er nicht so fremde denn gehässig.

Ein gleicher folgte ihm: Bart Stock und Haar
Nichts unterschied den Sohn der gleichen Hölle
Und dies barocke greise Zwillingspaar
Schritt wie im Takt – wer weiß nach welcher Stelle?

Welch Anschlag war das der zum Ziel mich wählte
War's hämischer Zufall der mich so verlachte
Daß siebenmal minutenweis ich zählte
Den grausen Alten der sich vielfach machte!

Mag wer da lächelt meiner bangen Qual
Wen brüderliche Schauder nicht befahren
Bedenken daß trotz völligem Verfall
Die sieben Ausgeburten ewig waren!

Konnt ohne Todesnot ich noch den achten
Den scheelen Sosias der sich drohend trug
Den eklen Phönix der sein eigner Sohn betrachten?
Doch ich entkehrte mich dem Höllenzug.

Rasend gleich Trunknen wenn sie doppelt schauen
Mein Haus gewann ich und verschloß mich drin
Krank und durchfroren, wirr vom Fieberbrauen
Wund vom Geheimnis und vom Widersinn!

Umsonst Vernunft zur Heimfahrt Segel pflanzte –
Sturm brach ihr Trachten mit gewaltger Hand
Und meiner Seele Kutter tanzte, tanzte
Mastlos auf wüsten Wogen ohne Land.

Übersetzung Walter Benjamin

Fragment des Gedichts »Die sieben Greise« mit Handzeichnung Baudelaires

Die alten Weibchen (Schluß)

So tragt ihr klagenlos und stoisch eure Schmerzen
Durchs Chaos jeder Stadt und ihrer Menschenschar,
Heilige, Dirnen, Mütter mit durchbohrtem Herzen,
Ihr, deren Name einst in aller Munde war.

Ihr wart die Anmut, wart der Glanz auf allen Festen!
Wer kennt euch heute? Ein betrunkner Flegel nur
Beleidigt euch mit lächerlich verliebten Gesten,
Und ein boshafter Balg hüpft frech auf eurer Spur,

Verschrumpfte Schatten, die ihr mit verschämtem Blicke
Streift an den Wänden hin, gebückt vor Schüchternheit,
Und niemand, der euch grüßt, ihr seltsamen Geschicke!
Ihr Menschheitstrümmer, reif schon für die Ewigkeit!

Ich aber, dessen Augen zärtlich nach euch sehen,
Der ängstlich euren unbeholfnen Schritt ermißt,
Als wär ich euer Vater, – wunderlich Geschehen! –
Ich kost geheime Freuden, ohne daß ihr's wißt:

Ich sehe eure erste Leidenschaft erblühen,
Seh die entschwundne Zeit, die Düsternis, das Glück,
Mein Herz laß ich von allen euren Lastern glühen,
Und meine Seele strahlt die Tugenden zurück!

Ruinen! meine Kinder! gleichgeborne Scharen!
Ich ruf euch zu: Schlaft wohl! sooft der Tag verfliegt.
Wo mögt ihr morgen sein, Evas von achtzig Jahren,
Auf denen Gottes fürchterliche Tatze liegt?

Übersetzung Sigmar Löffler.
(Auch dieses Gedicht ist Victor Hugo gewidmet.)

Meine liebe Mutter, wenn Du wirklich das Herz einer Mutter hast und wenn Du nicht zu müde bist, so komm nach Paris, um mich zu sehen, um mich zu besuchen. (. . .) Ende März schrieb ich Dir: Werden wir uns je wiedersehen? Ich war in einer jener Krisen, wo man die schreckliche Wahrheit sieht. Ich weiß nicht, was ich alles dafür geben würde, um einige *Tage* bei Dir zu sein, bei Dir, dem einzigen Wesen, an dem mein Leben hängt, acht Tage, drei Tage, einige Stunden. (. . .) Jedes Mal, wenn ich die Feder nehme, um Dir meine Lage zu schildern, habe ich Angst, Angst, es könnte Dich das Leben kosten, es könnte Deinen schwachen Körper zerstören. Und ich, ich bin ständig, ohne daß Du etwas davon ahnst, am Rande des Selbstmords. Ich glaube, daß Du mich leidenschaftlich liebst; Dein Verstand ist blind, doch Dein Charakter ist so groß! In meiner Kindheit habe ich Dich leidenschaftlich geliebt; später habe ich es, unter der Last Deiner Ungerechtigkeiten, Dir an Respekt fehlen lassen, als wenn Ungerechtigkeiten einer Mutter dem Sohn das Recht auf Mangel an Respekt geben würden! Ich habe das oft bereut, obwohl ich, wie es so meine Gewohnheit ist, nichts davon gesagt habe. Ich bin nicht mehr das undankbare und wilde Kind. Lange Betrachtungen über mein Schicksal und über Deinen Charakter haben mir geholfen, alle meine Fehler und Deine ganze Großzügigkeit zu verstehen. Aber das Schlimme ist geschehen, durch Deine Unklugkeit und durch meine Fehler. Offensichtlich sind wir dazu bestimmt, uns zu lieben, füreinander zu leben und unser Leben so anständig und so schmerzlos wie möglich zu beenden. Und doch bin ich, angesichts der schrecklichen Umstände, in denen ich mich befinde, davon überzeugt, daß einer von uns beiden dem anderen den Tod bringen wird und daß wir uns schließlich gegenseitig töten werden. Nach meinem Tod wirst Du nicht mehr leben können, das ist klar. Du lebst nur durch mich. Nach Deinem Tod, besonders, wenn Du durch eine Aufregung stirbst, an der ich schuld bin, würde ich mir das Leben nehmen, daran gibt es keinen Zweifel. (. . .)

Ich werde gleich auf die positiven, d. h. aktuellen Dinge kommen. Denn in Wahrheit habe ich das Bedürfnis, gerettet zu werden und nur Du kannst mich retten. Ich will heute alles sagen. Ich bin allein, ohne Freunde, ohne Frau, ohne Hund und ohne Katze. Wem kann ich von meinem Leid erzählen? Ich habe nur das Bild meines Vaters, das immer stumm ist.

Ich bin in dem schrecklichen Zustand, den ich im Herbst 1844 erlebte. Eine Resignation, schlimmer als Wut. (. . .)

Ich will nicht von meinen nervösen Beschwerden sprechen, die mich Tag für Tag kaputtmachen und mir jeden Mut nehmen, Erbrechen, Schlaflosigkeit, Alpträume, Schwächeanfälle. Ich habe Dir zu oft davon erzählt. Aber es hat keinen Zweck, mich vor Dir zu schämen. Du weißt, daß ich mich, als ich noch sehr jung war, mit Syphilis infizierte, von der ich später glaubte, sie sei vollständig ausgeheilt. (. . .) Jetzt kommt sie wieder und nimmt eine neue Form an, Flecken auf der Haut und eine außerordentliche Müdigkeit in den Gelenken. (. . .)

In meiner Kindheit gab es eine Zeit, wo ich Dich leidenschaftlich liebte; höre und lies ohne Angst. Ich habe Dir nie viel davon erzählt. Ich erinnere mich an eine Spazierfahrt in der Kutsche; Du kamst aus dem Krankenhaus und, um mir zu beweisen, daß Du an Deinen Sohn gedacht hast, zeigtest Du mir Federzeichnungen, die Du für mich gemacht hattest. Glaubst Du mir, daß ich ein schrecklich genaues Gedächtnis habe? Später der Platz Saint-André-des-Arcs und Neuilly. Lange Spaziergänge, nie endende Zärtlichkeiten! (. . .) Ah, es war für mich die gute Zeit der mütterlichen Zärtlichkeit. Ich bitte Dich, mir zu verzeihen, daß ich die Zeit, die für Dich sicher schlimm war, *gut* nenne. Aber damals lebte ich immer in Dir; Du gehörtest mir ganz allein. Du warst zugleich ein Idol und ein Kamerad. Du wirst vielleicht erstaunt sein, daß ich mit solcher Leidenschaft von einer so weit zurückliegenden Zeit sprechen kann. Ich staune selbst darüber. Ich habe wieder einmal den Wunsch zu sterben und das ist vielleicht der Grund, daß sich die alten Dinge so lebhaft in meinem Geiste malen. (. . .)

Was die Vormundtschaft angeht, nur ein Wort: Ich kenne heute den riesigen Wert des Geldes und verstehe die große Bedeutung aller Dinge, die mit Geld zu tun haben. (. . .) Es ist klar, daß ohne die Vormundtschaft alles verbraucht wäre. Es war sicher notwendig, Gefallen am Arbeiten zu finden. Die Vormundtschaft wurde eingesetzt, *alles ist verbraucht* und ich bin alt und unglücklich.

Ist ein Neubeginn möglich? Das ist das ganze Problem. (. . .)

Ich sehe ständig das Grauen vor mir. Ich sehe mein Leben als Schriftsteller für immer gefesselt. Ich sehe eine Katastrophe. (. . .) Ich würde ich weiß nicht was geben, um Dich zu sehen, Dich zu küssen. (. . .)

Du hast mir erlaubt, von einem Plan zu sprechen: Es geht um Folgendes: Ich verlange einen Kompromiß. Veräußerung einer größeren Summe, 10000 z. B., 2000 um mich sofort zu entlasten, 2000 in Deine Hand, für unvorhergesehene oder vorhergesehene Notlagen. (. . .)

Damit hätte ich Ruhe für ein Jahr. Ich wäre ein sehr großer Dummkopf und ein sehr großer Gauner, wenn ich es nicht für einen Neubeginn nutzen würde. Alles Geld, das ich in dieser Zeit verdiene, (10000, vielleicht nur 5000) *wird an Dich ausbezahlt.* Ich werde Dir keine meiner Unternehmungen verbergen, keine meiner Einnahmen. (. . .)

Es ist klar, daß es unter meinen gegenwärtigen Unternehmungen Dinge gibt, die furchtbar dringlich sind; so habe ich wieder einmal den Fehler gemacht, bei jenen nicht zu vermeidenden Tricks mit den Banken mehrere hundert Francs, die mir nicht gehörten, abzuzweigen, um persönliche Schulden zu bezahlen. *Ich war absolut dazu gezwungen.* Es braucht nicht gesagt zu werden, daß ich dachte, ich könne diese üble Sache sofort wieder bereinigen. (. . .)

Ich weiß, daß dieser Brief Dich schmerzlich berühren wird, aber Du wirst darin sicher einen Ton der Zärtlichkeit und sogar noch der Hoffnung finden, den Du zu selten gehört hast.

Und ich liebe Dich.

Aus einem Brief Baudelaires vom 6. Mai 1861.

Der Schwan

Victor Hugo gewidmet

I

Andromache, ich denk an dich! Der kleine Fluß,
Der traurige und arme Spiegel, wo einst glänzte
Die ungeheure Majestät des Leids der Witwe,
Dieser erlogene Simois, von deinen Tränen groß,

Hat plötzlich mein Gedächtnis tief befruchtet,
Als ich das neue Carroussel durchquerte.
Paris, das alte, ist nicht mehr (die Form der Stadt
Ändert sich schneller – leider – als das Herz des Sterblichen);

Ich sehe nur im Geist dies ganze Feld von Hütten,
Die Haufen angefangner Kapitelle, Säulenschäfte,
Das Gras, die großen Blöcke, grün vom Pfützenwasser,
Und, um die Quadern glänzend, den Haufen von Gerümpel.

Dort waren einst die Tiere eines Zirkus;
Und eines Morgens, zu der Zeit, wenn unterm Himmel,
Kalt und hell, die Arbeit aufwacht, wenn die Straßenkehrer
Einen düsteren Orkan in die schweigsame Luft stoßen,

Sah ich dort einen Schwan, entflohen aus dem Käfig,
Das trockne Pflaster rieb er mit dem Schwimmfuß,
Die weißen Federn auf dem rauhen Boden schleifend.
Bei einem leeren Rinnstein öffnete das Tier den Schnabel

Und badete nervös im Staub die Flügel,
Es sprach, das Herz erfüllt vom schönen See der Heimat:
»Wasser, wann endlich wirst du regnen? Wann wirst du donnern, Blitz?«
Ich seh den Unglücklichen, fremder, düstrer Mythos,

Zum Himmel manchmal, wie der Mensch Ovids,
Zum Himmel, grausaum blau und voller Ironie,
Auf seinem Hals, der zuckte, reckte er den gierigen Kopf,
Als richtete er Vorwürfe an Gott!

II

Paris verändert sich, doch nichts in meiner Schwermut
Hat sich gerührt! Neue Paläste, Baugerüste, Blöcke,
Die alten Vorstädte, für mich wird alles zur Allegorie,
Und meine teuersten Erinnerungen, schwerer als Felsen lasten sie.

Da ist das Bild, das mich bedrückt vor diesem Louvre:
Ich denk an meinen großen Schwan, mit seinen irren Gesten,
Wie die Verbannten, lächerlich, erhaben,
Verzehrt von einem Wunsch, der niemals Ruhe gibt! Und dann an dich,

Andromache, gefallen aus den Armen eines großen Gatten,
Gemeines Vieh, des stolzen Pyrrhus Beute,
Vor einem leeren Grab ekstatisch hingebeugt;
Die Witwe Hektors, ach! Und Frau des Helenus!

Ich denke an die Negerin, von Schwindsucht abgemagert,
Sie schleppt sich durch den Straßenschmutz, verstörten Auges sucht sie
Die fernen Kokospalmen des stolzen Afrika
Hinter des Nebels ungeheurer Mauer;

An alle, die verloren, was nie sich wiederfindet,
Nie mehr! Nie mehr! An jene, die den Durst mit Tränen löschen,
Saugend am Schmerz, als sei er eine gute Wölfin!
An magre Waisenkinder, die wie Blumen welken!

So tönt im Wald, in den sich nun mein Geist verbannt,
Mit vollem Klang ein Horn alter Erinnerung!
Ich denk an die Matrosen, vergessen auf der Insel,
An die Gefangenen, die Besiegten . . . an sehr viel andere noch!

Recueillement

Sois sage, ô ma Douleur, et tiens-toi plus tranquille.
Tu réclamais le Soir; il descend; le voici:
Une atmosphère obscure enveloppe la ville;
Aux uns portant la paix, aux autres le souci.

Pendant que des mortels la multitude vile,
Sous le fouet du Plaisir, ce bourreau sans merci,
Va cueillir des remords dans la fête servile,
Ma Douleur, donne-moi la main; viens par ici,

Loin d'eux. Vois se pencher les défuntes Années,
Sur les balcons du ciel, en robes surannées;
Surgir du fond des eaux le Regret souriant;

Le Soleil moribond s'endormir sous une arche,
Et, comme un long linceul traînant à l'Orient,
Entends, ma chère, entends la douce Nuit qui marche.

Sammlung

Sei artig, o mein Schmerz, und halt dich stiller.
Du verlangtest den Abend; er kommt herab; da ist er:
Dämmerung hüllt die Stadt ein,
Den einen Frieden bringend, den anderen Sorge.

Während der Sterblichen gemeine Menge,
Unter der Peitsche des Vergnügens, dieses Henkers ohne Erbarmen,
Sich aufmacht, Reue zu ernten im knechtischen Fest,
Mein Schmerz, gib mir die Hand; komm hierher,

Fern von ihnen. Sieh wie die verstorbenen Jahre sich neigen,
Auf den Balkonen des Himmels, in altmodischen Kleidern;
Wie vom Grunde des Wassers das lächelnde Bedauern auftauc

Wie die todessieche Sonne unter einem Brückenbogen entschlä
Und gleich einem langen Leichentuch, das sich im Osten hinzieh
Höre, mein Lieber, höre die sanfte Nacht, die schreitet.

Geheimnisvolle Fähigkeit – diese Königin der Fähigkeiten! Sie rührt an alle anderen; sie erregt sie, sie ruft sie zum Kampfe. (. . .) Die Phantasie hat die Menschen den geistigen Sinn der Farbe, des Konturs, des Tones und des Dufts gelehrt. Sie hat im Anbeginn der Welt die Analogie und die Metapher erschaffen. Sie nimmt die ganze Schöpfung auseinander – dann aber befolgt sie jene Regeln, deren Ursprung man einzig in der Tiefe der Seele zu finden vermag; nach ihnen häuft und ordnet sie die Stoffe und schafft so eine neue Welt, erzeugt die Empfindung des Neuen. (. . .) Die Phantasie ist die Königin des Wahren, und das *Mögliche* ist eine der Provinzen des Wahren. Sie ist direkt verwandt mit dem Unendlichen.

Aus: Baudelaire, Salon von 1859; »Die Königin der Fähigkeiten«.

Die Menge

Es ist nicht jedem gegeben, ein Bad in der Vielzahl zu nehmen: die Menge zu genießen, ist eine Kunst; und der allein kann, auf Kosten der Menschheit, sich mit Lebenskraft besaufen, dem eine Fee an der Wiege den Hang zur Verkleidung und zur Maske, den Haß auf das Zuhause und die Lust zum Reisen mitgegeben hat.

Menge, Einsamkeit: gleichbedeutende und austauschbare Begriffe für den aktiven und fruchtbaren Dichter. Wer seine Einsamkeit nicht bevölkern kann, kann auch nicht in einer geschäftigen Menge allein sein.

Der Dichter genießt das unvergleichliche Vorrecht, nach Belieben er selbst und ein anderer sein zu können. Wie jene umherirrenden Seelen, die einen Körper suchen, geht er, wenn er will, in die Person eines jeden ein. Ihm allein steht alles offen; und wenn gewisse Plätze ihm verschlossen zu sein scheinen, so nur deshalb, weil er sie nicht für wert hält, daß man sie besucht.

Der einsame und nachdenkliche Spaziergänger bezieht einen einzigartigen Rausch aus dieser universalen Kommunion. Wer sich leicht mit der Menge vermählt, lernt fieberhafte Genüsse kennen, die der Egoist, verschlossen wie eine

Truhe, und der Faule, eingekapselt wie eine Muschel, nie haben wird. Er macht sich alle Berufe, alle Freuden und Leiden, die ihm die Umstände anbieten, zu eigen.

Was die Menschen Liebe nennen, ist sehr klein, sehr begrenzt und sehr schwach, verglichen mit jener unsagbaren Orgie, jener heiligen Prostitution der Seele, die sich ganz und gar, als Poesie und als Nächstenliebe, dem Unerwarteten, der sich zeigt, dem Unbekannten, der vorbeigeht, hingibt.

Es ist gut, den Glücklichen dieser Welt manchmal beizubringen, und wäre es nur, um ihren dummen Stolz für einen Augenblick zu demütigen, daß es ein Glück gibt, das größer ist als das ihre, gewaltiger und raffinierter. Die Gründer von Kolonien, die Hirten der Völker, die Missionare in ihrer Verbannung am Ende der Welt, wissen sicher etwas von diesen geheimnisvollen Trunkenheiten; und im Schoß der großen Familie, die ihr Genie sich geschaffen hat, müssen sie wohl manchmal über jene lachen, die sie wegen ihres so bewegten Schicksals und ihres so keuschen Lebens beklagen.

Der Weg zum Juni-Aufstand.

Der alte Clown

Überall stürzte sich das Volk ins Vergnügen, überall tummelten, belustigten sich die Menschen. Man feierte ein Fest, ein Fest, wie es Seiltänzer, Gaukler, Bärenführer und fahrende Händler die ganze schlechte Zeit des Jahres über voller Ungeduld erwarten.

An solch einem Tage, glaube ich, vergißt das Volk alles, den Schmerz und die Mühe. Es wird zum Kinde. Die Kleinen haben einen Feiertag, und die Schrecknisse der Schule sind auf vierundzwanzig Stunden gebannt. Für die Großen ist es ein Waffenstillstand mit den bösartigen Mächten des Lebens, eine Atempause im Kampf aller gegen alle.

Selbst der Weltmann und der geistig Arbeitende können sich der Stimmung solcher Volksfeste schwer entziehen. Man wird, ob man will oder nicht, einbezogen in diese Atmosphäre der Sorglosigkeit. Ich jedenfalls, als echter Pariser, versäume es nie, mir all die Buden anzusehen, die an derartigen Feiertagen allenthalben aufgebaut sind.

Auch dieses Mal wetteiferte man regelrecht miteinander: alles kreischte, brüllte, heulte und war ein Durcheinander von Schreien, dröhnendem Kupfer und Raketengeknall. Die dummen Auguste und Lustigmacher verzerrten ihre vom Wind, dem Regen und der Sonne schwarzbraun gebeizten Gesichter. Mit dem Gehabe von Schauspielern, die ihrer Wirkung sicher sind, trieben sie ihre Späße und rissen Witze von derber, molièrescher Art. (. . .)

Am äußersten Ende der Budenreihe sah ich einen armen Clown. Es war, als habe er sich voller Scham selbst von allen Freuden ausgeschlossen. Vom Alter gebeugt, verfallen und abgelebt, das Wrack eines Menschen, so saß er da, an den Pfosten seiner Hütte gelehnt. Diese Hütte war ärmlicher als die Behausung eines rohen Wilden, und zwei rauchende, tropfende Kerzenstümpfe beleuchteten ihre Trostlosigkeit noch zu gut.

Überall Freude, Gewinn, Prasserei, überall Brot für die kommenden Tage, überall der wilde Ausbruch der Lebenslust. Und hier das bedingungslose, unentrinnbare Elend – in die bunten Lappen des Komischen gehüllt, daß es ein Grauen war, denn nicht der Kunstwille, sondern die nackte Not schuf den Kontrast. Er lachte nicht, der Arme! Er weinte nicht, er tanzte nicht, er gestikulierte nicht, er schrie nicht. Er sang kein Lied, kein lustiges, kein trauriges. Er bat nicht um Mitleid. Er war stumm und reglos. Er hatte entsagt. Er hatte sich abgefunden. Sein Schicksal war entschieden.

Wie aber, mit welch unergründlichem, nie zu vergessendem Blick betrachtete er die Lichter und die Menge, deren wilde Woge sich wenige Schritte vor seinem abstoßenden Elend brach! Ich spürte, wie die schreckliche Faust der

Erschütterung meine Kehle zusammenpreßte. Meine Augen, schien es, wurden von Tränen verdunkelt, die nicht rinnen wollten. Doch wozu den Unglücklichen fragen, was Wunderbares er in der schmutzigen Finsternis hinter seinem zerfetzten Vorhang verborgen hielt? Ich wagte es auch gar nicht. Vielleicht lacht ihr über meine Schüchternheit, aber ich fürchtete, ihn zu verletzen. Und als ich mich endlich entschlossen hatte, im Vorübergehen etwas Geld auf ein Brett zu legen, in der Hoffnung, er werde meine Absicht erraten, trieb mich das Gedränge der Leute, irgendein Durcheinander, weg von ihm. Noch auf dem Heimwege verfolgte mich die Erscheinung. Ich suchte den plötzlichen Schmerz zu ergründen und sagte mir: Ich habe wohl das Bild des altgewordenen Schriftstellers gesehen, der die Generation überlebt hat, deren glänzender Unterhalter er war, das Bild des altgewordenen Dichters ohne Freunde, ohne Familie, ohne Kinder, der nun, vom Elend, von der Undankbarkeit des Publikums erniedrigt, in einer Hütte lebt, die eine vergeßliche Welt nicht mehr betreten mag.

Übersetzung Dieter Tauchmann

Ein heldischer Tod

Fanciullo war ein bewunderungswürdiger Spaßmacher und gehörte fast zu den Freunden des Fürsten. Aber auf Menschen, die sich dem Beruf des Komischen gewidmet haben, üben die ernsthaften Dinge eine verhängnisvolle Anziehungskraft aus, und obwohl es phantastisch erscheinen mag, daß die Ideen Freiheit und Vaterland sich mit tyrannischer Gewalt eines Komödianten bemächtigen, – eines Tages trat Fanciullo einer Verschwörung bei, die einige unzufriedene Edelleute angezettelt hatten.

Es gibt überall Ehrenmänner, um den Machthabern solche Eigenbrötler von schwarzgalliger Gemütsart anzuzeigen, welche die Fürsten absetzen und, ohne ihren Rat einzuholen, die Gesellschaft auf den Kopf stellen wollen. Die betreffenden Großen wurden, ebenso wie Fanciullo, verhaftet und einem sicheren Tode geweiht.

Ich möchte glauben, daß der Fürst sich fast ärgerte, seinen Lieblingsschauspieler in Gesellschaft der Aufrührer zu finden. Der Fürst war weder besser noch schlimmer als irgendein anderer, aber eine übertriebene Empfindlichkeit machte ihn in vielen Fällen grausamer und gewalttätiger als alle seine Standesgenossen. (. . .)

Plötzlich kam das Gerücht in Umlauf, daß der Herrscher die Absicht hätte, alle Verschwörer zu begnadigen. Dieses Gerücht war entstanden durch die Ankündigung einer großen Theateraufführung, bei der Fanciullo eine seiner besten Hauptrollen spielen sollte. Sogar die verurteilten Edelleute sollten, wie man sagte, der Vorstellung beiwohnen; ein klares Zeichen, fügten die oberflächlichen Geister hinzu, der großmütigen Absichten des beleidigten Fürsten.

Bei einem von Natur und Willen so unberechenbaren Menschen war alles möglich, selbst die Tugend, selbst die Milde, besonders dann, wenn er hätte hoffen können, dabei ein unerwartetes Vergnügen zu finden. (. . .)

Unser Fanciullo glänzte besonders in stummen oder mit wenig Worten beladenen Rollen, oft die Hauptrollen in jenen Zauberstücken, deren Gegenstand es ist, das Geheimnis des Lebens symbolisch darzustellen. Er betrat leichten Schrittes und mit vollendeter Unbefangenheit die Bühne, was mit dazu beitrug, den Gedanken an Sanftmut und Verzeihung in der vornehmen Zuhörerschaft zu festigen.

Wenn man von einem Komödianten sagt: »Das ist ein guter Komödiant«, so bedient man sich eines Ausdrucks, der besagen will, daß unter der dramatischen Person sich noch der Komödiant erraten läßt, will sagen, die Kunst, die Anstrengung, der Wille. Wenn es nun einem Komödianten gelänge, im Verhältnis zu der Persönlichkeit, die er darstellen soll, das zu sein, was die besten Statuen des Altertums – könnten sie auf wunderbare Weise lebendig und beseelt werden, könnten sie gehen und sehen – im Verhältnis zu der allgemeinen und dunklen Idee der Schönheit sein würden, so wäre das sicher ein einzigartiger und ganz unvorhergesehener Fall. Fanciullo war an diesem Abend von so idealer Vollkommenheit, daß man unmöglich annehmen konnte, sie wäre nicht lebendig, möglich oder wirklich. Dieser Spaßmacher kam und ging, lachte, weinte, krampfte sich zusammen mit einer unzerstörbaren Strahlenkrone auf dem Haupt, einer für alle anderen unsichtbaren, für mich aber sichtbaren Strahlenkrone, in der sich, in seltsamer Verschmelzung die Strahlen der Kunst und der Ruhm des Märtyrers zusammenfanden. Fanciullo führte, durch eine besondere geheimnisvolle Gnade, das Göttliche und Übernatürliche bis in die ausgelassensten Späße hinein. (. . .)

Die ganze Versammlung, so übersättigt und leichtfertig die Teilnehmer auch sein mochten, unterlag bald der bezwingenden Allgewalt des Künstlers. Niemand träumte mehr von Tod, Trauer, Marter. Jeder gab sich, ohne Unruhe, den vielfachen Wollüsten hin, die der Anblick eines Meisterwerkes lebendiger Kunst vermittelt. Die Ausbrüche von Freude und Bewunderung erschütterten zu wiederholten Malen die Wölbungen des Gebäudes mit der Gewalt eines ununterbrochenen Donners. Der Fürst selbst, berauscht, vereinigte seine Beifallsbezeugungen mit denen seines Hofes. (. . .)

Seine Lippen preßten sich immer fester aufeinander und seine Augen sprühten von einem inneren Feuer, ähnlich dem der Eifersucht und des Grolls, selbst während er vor aller Augen der Kunst seines alten Freundes Beifall klatschte, des seltsamen Spaßmachers, der so vortrefflich mit dem Tode zu spaßen verstand. Mit einem Male sah ich, wie Seine Hoheit sich zu einem kleinen Pagen hinter ihm beugte und ihm etwas ins Ohr flüsterte. Ein helles Lächeln überflog die verschmitzte Miene des hübschen Knaben, und sogleich verließ er lebhaften Schrittes die Loge des Fürsten, wie um sich eines eiligen Auftrages zu entledigen.

Wenige Minuten später unterbrach ein schriller, langhingezogener Pfiff Fanciullo in einem seiner besten Augenblicke und zerriß zu gleicher Zeit die Ohren und die Herzen. Und von der Stelle des Saales, von wo diese unerwartete Mißbilligung aufgesprungen war, stürzte sich, mit ersticktem Lachen, ein Kind in einen Korridor.

Fanciullo, so plötzlich aufgeschreckt aus seinem Traum, schloß zuerst die Augen, öffnete sie fast im gleichen Augenblick, übermäßig vergrößert, wieder, öffnete dann den Mund, wie um krampfhaft Atem zu holen, schwankte etwas nach vorn, etwas nach hinten und fiel dann in jähem Fall tot auf die Bretter.

Hatte der Pfiff, rasch wie ein Schwert, wirklich den Henker um sein Amt betrogen? Hatte der Fürst selbst die ganze mörderische Wirkung seiner List vorausgeahnt? Man darf es bezweifeln. Trauerte er um seinen lieben, unnachahmlichen Fanciullo? Es ist süß und erlaubt, es zu glauben.

Die schuldigen Edelleute hatten sich zum letzten Male des Schauspiels im Theater erfreut. In der gleichen Nacht wurden sie aus dem Leben gestrichen.

Seit diesem Tag haben mehrere, in verschiedenen Ländern mit Recht geschätzte Mimen vor dem Hof von *** gespielt; aber keiner von ihnen konnte die wunderbaren Fähigkeiten Fanciullos ins Gedächtnis zurückrufen, noch sich zu der gleichen *Gunst* erheben.

Übersetzung Walther Küchler

Der Charakter, das Genie, der Stil eines Menschen werden durch die scheinbar vulgären Umstände seiner ersten Jugend gebildet. Wenn alle Menschen, die auf der Bühne der Welt aufgetreten sind, ihre Kindheitseindrücke aufgezeichnet hätten, welch ausgezeichnetes psychologisches Wörterbuch würden wir besitzen!

Aus: Baudelaire, Edgar Allen Poe, sein Leben und seine Werke, März 1852.

(. . .) wäre es nicht leicht, durch einen philosophischen Vergleich der Werke eines reifen Künstlers mit dem Seelenzustand seiner Kindheit zu beweisen, daß das Genie nur die genau formulierte Kindheit ist, die nun männliche und kraftvolle Organe für ihren Ausdruck besitzt?

Aus: Baudelaire, Ein Opiumesser, 1860.

Plötzlich hatte er eine Erleuchtung: Er erinnerte sich an die Gefühle seiner Kindheit, an die verborgenen Poesien der Kindheit, die früher so oft durch das heraufgerufen wurden, was wir die anonyme Dichtung nennen können, nämlich das Lied und zwar das Lied des ersten besten, des pflügenden Bauern, des Maurers, des Fuhrmanns, des Matrosen.

Aus: Baudelaire, Pierre Dupont. 1861.

Die Berufungen

In einem schönen Garten, wo sich die Strahlen einer herbstlichen Sonne gern zu verweilen schienen, unter einem schon grünlichen Himmel, an dem goldene Wolken dahinschwebten, wie Erdteile auf Reisen, plauderten, wohl müde vom Spielen, vier schöne Kinder, vier Knaben, miteinander.

Der eine sagte: »Gestern hat man mich mit ins Theater genommen. In großen und traurigen Palästen, wo man ganz hinten das Meer und den Himmel sieht, sprechen Männer und Frauen, ernst und traurig auch sie, aber viel schöner und viel besser gekleidet als diejenigen, die wir überall sehen, mit singender Stimme. Sie drohen einander, sie flehen sich an, sie geraten in Verzweiflung und sie stützen ihre Hand oft auf einen in ihrem Gürtel steckenden Dolch. Ach! Das ist wunderschön! Die Frauen sind viel schöner und viel größer als diejenigen, die uns daheim besuchen, und wenn sie auch mit ihren großen hohlen Augen und ihren glühenden Wangen schrecklich anzuschauen sind, man kann nicht anders, man muß sie lieb haben. Man fürchtet sich, man möchte weinen, und dennoch ist man glücklich . . . Und außerdem, was noch merkwürdiger ist, das erweckt in einem die Lust, ebenso gekleidet zu sein, dasselbe zu sagen und zu tun und mit der gleichen Stimme zu sprechen.

Eins der vier Kinder, das seit einigen Sekunden der Rede seines Kameraden nicht mehr zuhörte und mit erstaunlicher Aufmerksamkeit irgend einen Punkt am Himmel beobachtete, sagte plötzlich: »Seht nur, seht dort! Seht ihr *ihn?* Er sitzt auf dieser kleinen einsamen Wolke, auf dieser kleinen feuerfarbenen Wolke, die so still dahinzieht, es ist, als ob *Er,* auch *Er* uns zuschaute.«

»Aber wer denn?« fragten die anderen.

»Gott!« erwiderte er in einem Ton, aus dem vollste Überzeugung sprach. »Ach! Er ist schon weit weg; gleich könnt ihr ihn nicht mehr sehen. Sicher reist er, um alle Länder zu besuchen. Seht, gleich wird er hinter dieser Baumreihe, dort, fast am Horizont, verschwinden . . . und jetzt steigt er hinter dem Kirchturm nieder . . . Ach! Man kann ihn nicht mehr sehen!« Und lange stand das Kind so da, nach der gleichen Richtung gekehrt, und starrte nach dem Streifen, der die Erde vom Himmel trennt, mit Augen, in denen ein unaussprechlicher Ausdruck von Begeisterung und Bedauern glänzte.

»Ist er albern, der da, mit seinem lieben Gott, den er allein sehen kann!« sagte darauf der dritte, dessen ganze kleine Person eine merkwürdige Lebendigkeit und Lebenskraft aufwies. »Ich, ich will euch erzählen, wie ich neulich etwas erlebt habe, was ihr noch niemals erlebt habt und was ein bißchen interessanter ist als euer Theater und eure Wolken. – Vor einigen Tagen nahmen meine Eltern mich mit auf Reisen, und da es in dem Gasthof, in dem wir übernachteten, nicht genug Betten für uns alle gab, so wurde beschlossen, daß ich mit meinem Kindermädchen in einem Bett schlafen sollte.« – Er zog seine Kameraden näher an sich heran und sprach mit leiserer Stimme. – »Das ist ein ganz seltsames Gefühl, kann ich euch sagen, nicht allein zu liegen und mit seinem Kindermädchen in einem Bett zu sein, in der Dunkelheit. Da ich nicht einschlafen konnte, vergnügte ich mich damit, während sie schlief, meine Hand auf ihre Arme, auf ihren Hals und ihre Schultern zu legen. Ihre Arme und ihr Hals sind viel dicker als bei allen anderen Frauen, und ihre Haut ist so weich, so weich, man möchte glauben, es wäre Briefpapier oder Seidenpapier. Ich fand so viel Vergnügen daran, daß ich noch länger fortgemacht hätte, aber ich hatte Angst, zuerst Angst, sie aufzuwecken, und dann auch Angst, ja, ich weiß nicht, vor was. Dann steckte ich meinen Kopf in ihre Haare, die ihr in den Rücken hingen, dicht wie eine Mähne, und sie rochen so gut, ich versichere euch, wie die Blumen in diesem Garten, jetzt in dieser Stunde. Versucht, wenn ihr könnt, es ebenso zu machen, wie ich, ihr werdet dann schon sehen!« (. . .)

Zuletzt sagte der Vierte: »Ihr wißt, daß ich zu Hause kaum eine Unterhaltung habe; man läßt mich niemals ins Theater gehen; mein Vormund ist zu geizig. Gott gibt sich nicht mit mir und meiner Langeweile ab, und ich habe kein schönes Kindermädchen, um mich zu hätscheln. Es ist mir oft so vorgekommen, als ob mein Vergnügen darin läge, immer nur gerade vor mich hinzugehen, ohne zu wissen, wohin, ohne daß jemand sich darüber beunruhigte, und immer neue Länder zu sehen. Niemals bin ich glücklich da, wo ich bin, und ich glaube immer, daß ich glücklicher da wäre, wo ich nicht bin. Und denkt nur, auf der letzten Kirmeß des Nachbardorfes habe ich drei Männer gesehen, die so leben, wie ich leben möchte. Ihr andern habt nicht auf sie geachtet. Sie waren groß, fast schwarz und sehr stolz, wenn auch in Lumpen; sie sahen aus, als ob sie keinen Menschen nötig hätten. Ihre großen, dunklen Augen glänzten hell auf, während sie Musik machten, eine Musik, so überwältigend, daß sie Lust erweckte bald zu tanzen, bald zu weinen oder beides zugleich zu tun, und daß man verrückt werden könnte, wenn man ihr allzu lange zuhörte. (. . .)

Zuletzt lasen sie ihre Pfennige zusammen, luden ihr Gepäck auf den Rücken und zogen ab. Weil ich wissen wollte, wo sie wohnten, folgte ihnen von weitem, bis an den Waldrand, wo ich erst begriff, daß sie nirgends wohnten. (. . .)

Zuerst hatte ich Lust, sie zu bitten, mich mitzunehmen und mir beizubringen ihre Instrumente zu spielen; aber ich hab es dann doch nicht gewagt, zweifellos, weil es immer sehr schwer ist, sich für irgend etwas zu entscheiden und auch, weil ich fürchtete, erwischt zu werden, ehe wir Frankreich verlassen hätten.«

Die geringe Teilnahme der drei anderen Kameraden ließ mich vermuten, daß dieser kleine Junge schon jetzt ein *Unverstandener* war. Ich sah ihn mir aufmerksam an. Er trug in seinen Augen und auf seiner Stirn jenes geheimnisvolle Kennzeichen verhängnisvoller Frühreife, das dem, der es trägt, die Herzen der Menschen meist entfremdet, mich aber, ich weiß nicht warum, so stark anzog, daß ich einen Augenblick die phantastische Vorstellung hatte, in ihm einen mir selbst unbekannten Bruder gewinnen zu können.

Die Sonne war untergegangen. Die feierliche Nacht hatte sich niedergelassen. Die Knaben trennten sich, ahnungslos ging jeder, je nach den Umständen und Zufällen, seiner Bestimmung entgegen, um zu reifen, seinen Nächsten ein Ärgernis zu geben und dem Ruhm oder der Schande zuzustreben.

Übersetzung Walther Küchler

Das Spielzeug des Armen

Ich möchte zu einem unschuldigen Vergnügen anregen – weil es doch so wenig unschuldigen Zeitvertreib gibt!

Wenn ihr morgens ausgeht und ihr habt vor, die großen Straßen entlangzuwandern, dann steckt euch Groschenspielzeug in die Taschen – vielleicht flache, an einem Faden tanzende Hampelmänner, vielleicht Schmiede, die auf einen Amboß schlagen, oder auch Reiter mit Pferden, auf deren Schweif man pfeifen kann – und schenkt diese Kleinigkeiten den unbekannten und armen Kindern, wo ihr sie trefft, unter den Straßenbäumen oder vor den Wirtshäusern. Ihr werdet sehen, wie ihre Augen sich weiten: Zuerst wagen sie gar nicht zuzugreifen, so sehr zweifeln sie an ihrem Glück. Dann aber reißen sie das Geschenk an sich und laufen weg wie die Katzen, die ja auch den Bissen forttragen, den man ihnen zuwirft. Denn sie haben gelernt, dem Menschen zu mißtrauen.

An einer Landstraße hinter dem Gitter eines weiten Parks, in dessen Tiefe das heitere Weiß eines sonnigen Herrenhauses leuchtete, stand ein Kind. Es war schön, hatte frische, gesunde Wangen und trug die Kleider kokett nach ländlicher Sitte.

Der Überfluß und die Sorglosigkeit, der gewohnte Anblick des Reichtums geben solchen Kindern ein so hübsches Aussehen, daß man glaubt, sie sind aus einem anderen Stoff gemacht als die Kinder des Mittelstandes oder die Kinder der Armut. Im Grase lag ein glänzendes Spielzeug. Es hatte rote Wangen wie sein Herrchen, war lackiert, vergoldet, in Purpur gehüllt und über und über mit Federn und Glasflitter bedeckt. Doch das Kind beachtete die Lieblingspuppe nicht. Es sah etwas anderes:

Auf der Gegenseite der Straße hinter dem Gitter stand zwischen Disteln und Nesseln auch ein Kind. Es war rußbeschmiert, mager und verdreckt, ein Junge, einer jener Paria-Knirpse, deren Schönheit das unvoreingenommene Auge entdeckt, wenn es wie der Kenner, der unter schmutzigem Firnis das Meisterwerk ahnt, in Gedanken die scheußliche Dreckschicht wegputzt.

Die Gitterstäbe trennten gleichnishaft zwei Welten: die

Straße und das Herrenhaus. Durch sie hindurch zeigte der Arme dem Reichen sein Spielzeug. Der musterte es begierig wie einen seltenen, unbekannten Gegenstand. Dieses Spielzeug aber, das der kleine Schmutzfink in einer vergitterten Kiste schüttelte, neckte und jagte, war eine lebendige Ratte! Offenbar aus Gründen der Sparsamkeit hatten es seine Eltern dem Leben selbst entnommen.

Und die beiden lachten sich brüderlich zu, mit Zähnen von *gleicher* Weiße.

Übersetzung Dieter Tauchmann

Der Kuchen

Ich wanderte. Die Landschaft war unwiderstehlich groß und erhaben. Sicher ging etwas von ihr für Augenblicke in meine Seele ein. Meine Gedanken flogen auf mit der Leichte des Windes. Niedrige Leidenschaften, Haß und profane Liebe, schienen fern wie die Wolken, die in den Tiefen der Schluchten zu meinen Füßen dahinzogen. Mir war, als sei meine Seele so weit und so rein wie die Kuppel des Himmels, der mich umfing. (. . .)

Mit einem Wort: Ich fühlte mich im Frieden mit mir selbst und dem ganzen All, da so begeisternde Schönheit mich umgab. Ja, beinahe glaubte ich, so selig war ich, so sehr vergaß ich alles irdisch Böse, jene Zeitungen wären gar nicht so lächerlich, die behaupteten, der Mensch sei gut. Doch eben in diesem Augenblick forderte die unverbesserliche Materie ihr Recht. Ich mußte mich erholen und den Hunger stillen, den ich beim langen Aufstiege bekommen hatte. Deshalb zog ich aus meiner Tasche ein Stück Brot, einen Lederbecher und eine Flasche mit einem Extrakt, wie ihn damals die Apotheker den Touristen verkauften und den man bei Gelegenheit mit Schneewasser verdünnte.

Ich schnitt friedlich mein Brot, als ein schwacher Laut mich aufblicken ließ. Vor mir stand ein kleiner, zerlumpter schwarzer Kerl mit struppigen Haaren. Seine scheuen, flehend hohlen Augen verschlangen das Stück Brot, und ich hörte, wie er mit heiserer Stimme flüsterte: »Kuchen!« Ich mußte lachen über diese Bezeichnung, mit der er mein fast weißes Brot wohl veredeln wollte, schnitt eine dicke Scheibe davon ab und reichte sie ihm hin. Langsam, ohne den Blick vom Gegenstande seiner Gier zu lassen, kam er heran, packte das Stück mit einer Hand und riß es so heftig an sich, als fürchte er, mein Angebot sei nicht ehrlich gemeint oder ich bereute es schon.

Doch in diesem Augenblick warf ihn ein anderer kleiner Wilder zu Boden. Er kam wer weiß woher und glich ihm wie ein Zwilling. Sie wälzten sich auf der Erde, stritten um die kostbare Beute, und keiner wollte dem Bruder die Hälfte lassen. Voller Wut zerrte der erste den zweiten an den Haaren, dieser wieder faßte den mit den Zähnen am Ohr und spie – gemein fluchend – ein blutiges Stückchen davon aus. Der rechtmäßige Besitzer versuchte, seine kleinen Krallen in die Augen des Usurpators zu bohren, während der sich nach Kräften bemühte, ihn mit der einen Hand zu würgen und zugleich mit der anderen den Kampfpreis in die Tasche zu schieben. Doch den Unterliegenden machte der Mut der Verzweiflung wieder stark; erneut richtete er sich auf und stieß seinen Kopf dem Sieger derart in den Leib, daß er sich am Boden wälzte. Wozu weiter einen häßlichen Kampf schildern, der wahrhaftig länger zu dauern schien, als es die Kräfte der Kinder erlaubten? Der Kuchen wanderte von einer Hand in die andere und wechselte jeden Augenblick die Tasche. Doch ach! – er wurde auch kleiner dabei, und als die beiden schließlich blutend, ermattet und keuchend innehielten – denn sie konnten nicht mehr! –, da gab es nicht ein Stückchen, um das man hätte weiterkämpfen können. Das Brot war verschwunden, war in Brosamen zerbröckelt, die dem Sande glichen, mit dem sie sich vermengt hatten.

Dieses Schauspiel hatte mir die Landschaft verdüstert. Die stille Freude, die meine Seele erfüllte, ehe sie diese kleinen Menschen sah, war dahin. Lange blieb ich traurig, und ich sagte mir immer wieder aufs neue: »Da gibt es also ein wunderbares Land, wo das Brot *Kuchen* heißt und so ein seltener Leckerbissen ist, daß es einen brudermörderischen Krieg auszulösen vermag!«

Übersetzung Dieter Tauchmann

Als ich an das äußere Ende der Vorstadt, in den Bereich der Gasflammen kam, fühlte ich, wie sich ein Arm leise unter den meinen schob, und ich hörte eine Stimme, die mir ins Ohr flüsterte: »Sie sind Arzt, mein Herr, nicht wahr?«

Ich blickte auf und sah ein großes, kräftiges Mädchen, mit weit offenen Augen, leicht geschminkt; ihre Haare, mit den Bändern ihres Kapotthütchens wehten im Wind.

»Nein; ich bin kein Arzt. Lassen Sie mich gehen. – Oh! doch, Sie sind Arzt. Ich seh es genau. Kommen Sie zu mir. Sie werden sehr zufrieden sein. Kommen Sie! – Ich komme sicher zu Ihnen, aber später, *nach dem Arzt,* Teufel auch! ... Oh! Oh! – ließ sie sich vernehmen, immer noch an meinem Arm, und in Lachen ausbrechend, – Sie sind ein spaßiger Arzt, ich habe mehrere von der Sorte gekannt. Kommen Sie.«

Ich liebe leidenschaftlich alles, was geheimnisvoll ist, weil ich immer hoffe es zu enträtseln. Ich ließ mich also von dieser Gefährtin, oder vielmehr von diesem unverhofften Rätsel mit fortziehen. Ich übergehe die Beschreibung ihrer Bude; man kann sie bei mehreren älteren, wohlbekannten französischen Dichtern finden. Nur, daß – eine von Régnier nicht beachtete Einzelheit – zwei oder drei Bildnisse von berühmten Ärzten an den Wänden hingen.

Wie ich gehätschelt wurde! Warmes Feuer, Glühwein, Zigarren; und als diese lustige Person mir diese guten Dinge anbot und sich selbst eine Zigarre ansteckte, sagte sie zu mir: »Tun Sie, als ob Sie zu Hause wären, lieber Freund, machen Sie sich's bequem. Das wird Sie an das Krankenhaus und an die schöne Jugendzeit erinnern. – Doch sagen Sie! Wo haben Sie nur diese weißen Haare her? Die hatten Sie doch vor gar so langer Zeit noch nicht, als Sie Assistenzarzt bei L. waren ... Ich erinnere mich, daß Sie es waren, der ihm bei den schweren Operationen half. Das ist einer, dem das Schneiden, Zerstückeln und Stutzen Spaß macht! Sie waren es, der ihm die Instrumente, die Fäden und Schwämme hinhielt. – Und wie stolz er, nach der Operation, auf die Uhr blickte und sagte: »Fünf

Minuten, meine Herren!« – Oh! ich, ich gehe überall hin. Ich kenne diese Herren gut.«

Ein paar Minuten später, als sie schon du zu mir sagte, nahm sie ihr Geleier wieder auf und sagte: »Du bist Arzt, nicht wahr, mein Katerchen?«

Diese unverständliche ewige Frage brachte mich auf die Beine. »Nein! schrie ich wütend.

– Chirurg also?

– Nein! Nein! Oder höchstens, um dir den Hals abzuschneiden! Heiliger Bimbam! Verfluchte Kupplerin! . . .

– Warte nur, fuhr sie fort, du wirst schon sehen.«

Und sie holte aus ihrem Schrank einen Stoß von Papier, der nichts anderes war als eine Sammlung von Bildnissen berühmter zeitgenössischer Ärzte, Lithographien von Maurin, wie man sie einige Jahre lang auf dem Quai Voltaire sehen konnte.

– Schau! Kennst du den da?

– Ja, das ist X. Der Name ist übrigens unten angegeben, aber ich kenne ihn persönlich.

– Ich wußte es wohl! Schau! Das ist Z., der in seiner Vorlesung, als er von X. sprach, sagte: »Dieses Ungeheuer, das auf seinem Gesicht die Schwärze seiner Seele trägt! Und nur, weil der andere in der gleichen Frage seine Ansicht nicht teilte! Wie hat man damals in der Fakultät darüber gelacht! Erinnerst du dich? – Schau! Das ist K., derselbe der die Aufständischen, die er in seinem Krankenhaus behandelte, der Regierung anzeigte. Zur Zeit der Unruhen. Wie ist es nur möglich, daß ein so schöner Mann so wenig Herz hat? (. . .)

– Aber, sagte ich zu ihr, indem auch ich meine Zwangsvorstellung verfolgte, warum hältst du mich nur für einen Arzt?

– Weil du so nett und gut zu den Frauen bist.

»Seltsame Logik!« dachte ich bei mir.

– Sie sind so lieb und süß, diese Herren! – Ich hab in der *Pitié* einen kleinen Assistenzarzt entdeckt, der ist hübsch wie ein Engel und so höflich! und wie der arbeitet, der arme Junge! Seine Kameraden haben mir gesagt, daß er keinen Heller hätte, weil seine Eltern arme Leute sind, die ihm nichts schicken können. Das hat mir Mut gemacht.

Und schließlich bin ich ja eine ganz schöne Frau, wenn auch nicht mehr allzu jung. Ich sagte ihm: »Besuch mich mal, besuch mich oft. Und wegen mir brauchst du nicht verlegen zu sein, ich brauche kein Geld.« Aber du begreifst, daß ich ihm das auf alle mögliche Weise beibringen mußte, ich habe ihm das nicht so gerade heraus gesagt, ich hatte solche Angst ihn zu demütigen, den lieben Jungen! – Aber kannst du's glauben? Ich habe einen drolligen Wunsch, den ich ihm nicht zu sagen wage. – Ich möchte, daß er mich einmal mit seinem Besteck und in seinem Kittel besuchte, sogar mit etwas Blut darauf!«

Das sagte sie mit sehr unschuldiger Miene, so wie ein gefühlvoller Mann zu einer geliebten Schauspielerin sagen könnte: »Ich möchte Sie in dem Kostüm sehen, das Sie in der berühmten Rolle trugen, die Sie als erste dargestellt haben.«

Ich, der ich hartnäckig bei meiner Vorstellung blieb, begann wieder: »Kannst du dich der Zeit und der Gelegenheit erinnern, wo diese so eigenartige Leidenschaft in dir entstanden ist?«

Nur schwer konnte ich mich verständlich machen. Endlich gelang es mir. Aber da antwortete sie mir mit sehr trauriger Miene und wandte sogar, wenn ich mich recht erinnere, die Augen ab: »Ich weiß nicht . . . ich erinnere mich nicht.«

Was für phantastische Dinge findet man nicht in einer großen Stadt, wenn man herumzubummeln und zu sehen versteht? Die Stadt wimmelt von unschuldigen Ungeheuern. – Herr, mein Gott! Du, der Schöpfer, du, der Meister, der du das Gesetz und die Freiheit geschaffen hast, du der Herrscher, der alles seinen Lauf gehen läßt, du, der Richter, der verzeiht, du, der du voll bist von Trieben und Ursachen, und der du vielleicht die Vorliebe für das Schaurige in meinen Geist gelegt hast, um mein Herz zu bekehren, wie die Heilung an die Spitze eines Messers; Herr, erbarme dich, erbarme dich der törichten Männer und Frauen! O Schöpfer! ist es möglich, daß es Ungeheuer in den Augen jenes Einzigen gibt, der weiß, warum sie da sind, wie sie *sich dazu gemacht haben* und wie sie es hätten anfangen sollen, *sich nicht dazu zu machen?*

Übersetzung Walther Küchler

Verlust des Heiligenscheins

»Was! Sie hier, mein Lieber? Sie, in einem so üblen Lokal? Sie, der immer nur Essenzen trinkt! Sie, der Ambrosia ißt! Wahrhaftig, das setzt mich in Erstaunen.«

»Mein Lieber, Sie kennen meine Angst vor Pferden und Wagen. Als ich vorhin in großer Eile den Boulevard überquerte und im Schlamm hin und herhüpfte, in diesem wüsten Chaos, wo der Tod von allen Seiten zugleich im Galopp herankommt, rutschte mir bei einer verkehrten Bewegung mein Heiligenschein vom Kopf und fiel in den Straßenschmutz. Ich hatte nicht den Mut, ihn aufzuheben. Ich hielt es für weniger unangenehm, mein Hoheitsabzeichen zu verlieren als mir die Knochen zerbrechen zu lassen. Und dann sagte ich mir, jedes Unglück ist zu etwas nutze. Ich kann jetzt incognito spazierengehen, gemeine Dinge tun und mich zum Pöbel gesellen wie die gewöhnlichen Sterblichen. Und so bin ich nun hier, ganz wie Sie, wie Sie sehen!«

»Sie sollten wenigstens einen Anschlag wegen Ihres Heiligenscheins machen lassen oder ihn von der Polizei einfordern lassen.«

»Ich denke nicht daran! Ich fühle mich wohl hier. Nur Sie haben mich erkannt. Im übrigen langweilt mich die Würde. Außerdem denke ich mit Vergnügen daran, daß irgendein schlechter Dichter ihn aufheben und in aller Unverschämtheit ihn sich aufsetzen wird. Jemanden glücklich zu machen, welch ein Genuß! Und noch dazu ein Glücklicher, der mich zum Lachen bringt! Denken Sie an X oder Z! Nein, wird das komisch sein!«

Prügeln wir die Armen!

Zwei Wochen lang hatte ich mich in mein Zimmer eingeschlossen und mit den Büchern umgeben, die damals (vor sechzehn oder siebzehn Jahren) Mode waren; ich meine die Bücher, die von der Kunst handeln, das Volk in vierundzwanzig Stunden glücklich, weise und reich zu machen. Ich hatte also die Hirngespinste all dieser Unternehmer des öffentlichen Glücks verdaut – verschlungen, meine ich –, derer, die allen Armen raten, sich zu Sklaven zu machen, und derer, die ihnen einreden, sie seien alle entthronte Könige. – Man wird es also nicht erstaunlich finden, daß der Zustand meines Geistes an Schwindel oder Verblödung grenzte.

Nur schien es mir, als spürte ich, eingeschlossen in der Tiefe meines Verstandes, den dunklen Keim einer Idee, die den Altweibersprüchen, deren Sammlung ich soeben durchgeblättert hatte, weit überlegen war. Aber es war nur die Idee einer Idee, etwas unendlich Vages.

Und ich ging aus dem Haus, mit großem Durst. Der leidenschaftliche Hang zu schlechter Lektüre schafft ein entsprechendes Bedürfnis nach freier Luft und Erfrischungen.

Als ich in ein Wirtshaus hineingehen wollte, hielt mir ein Bettler seinen Hut hin, mit einem dieser unvergeßlichen Blicke, die Throne stürzen würden, wenn der Geist die Materie bewegen könnte oder wenn das Auge eines Magnetiseurs die Trauben reifen ließe.

Zugleich hörte ich eine Stimme, dir mir etwas ins Ohr flüsterte, eine Stimme, die ich gut kannte; es war die eines guten Engels oder eines guten Dämons, die mich immer begleitet. Da Sokrates seinen guten Dämon hatte, warum sollte ich nicht meinen guten Engel haben, warum sollte ich nicht, wie Sokrates, die Ehre haben, meinen Irrenpaß zu erhalten, unterschrieben vom scharfsinnigen Lelut oder vom hochgelehrten Baillarger?

Zwischen dem Dämon des Sokrates und dem meinen gibt es einen Unterschied: der des Sokrates zeigte sich ihm nur, um zu verbieten, zu warnen, zu hindern; meiner hat die Güte, zu raten, zu überreden und anzustacheln. Dieser arme Sokrates hatte nur einen Dämon der Verbote; meiner ist ein großer Bejaher, meiner ist ein Dämon der Tat, ein Dämon des Kampfes.

Nun, seine Stimme flüsterte mir Folgendes zu: »Nur der ist einem anderen gleich, der es beweist, und nur der ist der Freiheit würdig, der sie erobern kann.«

Augenblicklich stürzte ich mich auf meinen Bettler. Mit einem einzigen Faustschlag brachte ich es fertig, daß ihm ein Auge sofort zu einer Kugel anschwoll. Ein Fingernagel brach mir ab, als ich ihm zwei Zähne ausschlug und da ich mich nicht stark genug fühlte – ich bin eher zart gebaut und auch im Boxen wenig geübt – um diesen Alten ganz schnell zusammenzuschlagen, packte ich ihn mit einer Hand am Kragen seines Anzugs, mit der anderen umklammerte ich seine Gurgel und stieß ihn kräftig mit dem Kopf gegen eine Mauer. Ich muß gestehen, ich hatte vorher die Gegend mit einem Blick geprüft und festgestellt, daß ich in dieser verlassenen Vorstadt vor dem Zugriff eines Polizisten sicher war.

Als ich dann, durch einen Fußtritt in den Rücken, kräftig genug, um ihm die Schulterblätter zu zerbrechen, den geschwächten Alten niedergestreckt hatte, ergriff ich einen dicken Ast, der am Boden lag, und schlug auf ihn ein, mit der hartnäckigen Energie der Köche, die ein Beefsteak weichklopfen wollen.

Plötzlich – oh Wunder! oh Lust des Philosophen, der die Vortrefflichkeit seiner Theorie bestätigt findet! – sah ich, wie dies uralte Gerippe sich umdreht, sich mit einer Energie aufrichtet, die ich nie in einem so kaputten Gestell vermutet hätte, und, mit einem Blick voller Haß, der mir *ein gutes Vorzeichen* schien, warf sich der klapprige Strolch auf mich, schlug mir beide Augen blau, haute mir vier Zähne aus und prügelte mich mit dem gleichen Ast windelweich. – Durch meine energische Therapie hatte ich ihm Stolz und Leben wiedergegeben.

Dann machte ich ihm allerhand Zeichen, um ihm zu verstehen zu geben, daß ich die Diskussion für beendet hielt und, zufrieden wie ein athener Sophist, stand ich auf und sagte ihm: »Mein Herr, *Sie sind mir gleich!* Bitte, geben Sie mir die Ehre, mein Geld hier mit Ihnen zu teilen; und denken Sie daran, wenn Sie wirklich ein Menschenfreund sind, daß Sie auf alle Ihre Mitbrüder, wenn sie um Almosen bitten, die Theorie anwenden müssen, die auf Ihrem Rücken zu erproben, ich soeben den *Schmerz* hatte.«

Er hat mir hoch und heilig geschworen, daß er meine Theorie verstanden habe und meinen Rat befolgen werde. »Was sagst du dazu, Bürger Proudhon?«

Baudelaire. Portraitfotografie von Nadar

Interpretation des Gedichtes »Spleen« (»Wenn der Himmel . . . «)

SPLEEN

Quand le ciel bas et lourd pèse comme un couvercle
Sur l'esprit gémissant en proie aux longs ennuis,
Et que de l'horizon embrassant tout le cercle
Il nous verse un jour noir plus triste que les nuits;

Quand la terre est changée en un cachot humide,
Où l'Espérance, comme une chauve-souris,
S'en va battant les murs de son aile timide
Et se cognant la tête à des plafonds pourris;

Quand la pluie étalant ses immenses traînées
D'une vaste prison imite les barreaux,
Et qu'un peuple muet d'infâmes araignées
Vient tendre ses filets au fond de nos cerveaux,

Des cloches tout à coup sautent avec furie
Et lancent vers le ciel un affreux hurlement,
Ainsi que des esprits errants et sans patrie
Qui se mettent à geindre opiniâtrément.

– Et de longs corbillards, sans tambours ni musique,
Défilent lentement dans mon âme; l'Espoir,
Vaincu, pleure, et l'Angoisse atroce, despotique,
Sur mon crâne incliné plante son drapeau noir.

Die Frage nach der Beziehung zwischen Kunst und Wirklichkeit, nach dem Zusammenhang zwischen den Gedichten und der Geschichte, nach dem Verhältnis zwischen Widerspiegelung und dem Widergespiegelten läßt sich durch die Untersuchung des Prozesses der Widerspiegelung, also durch die Beobachtung bzw. Rekonstruktion der Entstehung der Texte beantworten. Erforscht werden muß, wie sich die Erfahrungen Baudelaires in die imaginierte, imaginäre Welt umsetzten, die sich in den Gedichten und Prosatexten entfaltet. Der Ursprung dieser Welt als einer eigenen und von der Wirklichkeit verschiedenen liegt in Baudelaires besonderer Fähigkeit der Phantasietätigkeit, die ihn zu einem Widerspiegeler machte.

Zunächst muß diese imaginäre Welt genau betrachtet werden, um erst einmal zu sehen, was Baudelaire mitgeteilt hat. Ein Gedicht Baudelaires führt eine spezielle, ungewöhnliche Verwendung der Sprache vor. Diese Ungewöhnlichkeit existiert nicht um ihrer selbst willen, sondern hat die Funktion, bestimmte ungewöhnliche Sachverhalte mitzuteilen, die nur auf diese Weise mitgeteilt werden konnten: Baudelaire sagte Schwieriges, Komplexes, Verborgenes, Tabuisiertes, das nicht anders sagbar war. Das Prinzip von Baudelaires Sprache (wie von dichterischer Sprache überhaupt) ist Verdichtung und Vielschichtigkeit[1], die dadurch entsteht, daß sich Bezüge zwischen den Wörtern herstellen: Die Bedeutung eines Wortes klingt bei anderen an, bzw. wird auf diese übertragen. Es findet ein dauernder Prozeß von Metaphorisierungen statt: Durch Gleichsetzungen, Identifizierungen verschiedener Wörter und Bilder, durch Parallelen und Kontraste entstehen neue Bedeutungen, neue Ideen, neue Bilder. Auf diese Weise wird die innere Realität, die Phantasiewelt (wie sie jeder in sich trägt, doch weitgehend unbewußt) faßbar gemacht. Der Bereich des Psychischen, der Gefühle, der inneren Schwingungen, der Wünsche und Ängste kann so gestaltet werden; damit vollzieht sich eine Selbstgestaltung und Selbsterkenntnis des Autors, die der Leser dann wieder, in größerem oder geringerem Umfang, auf sich selbst anwenden kann. Diese Gestalten, die der Autor produzierte, müssen vom Leser reproduziert werden; er stellt die Bezüge her und konstruiert die Bedeutungen, in einer langsamen, systematischen Arbeit (einer Art Bastelei[2]), wodurch in seiner Vorstellung ein anschauliches Gebilde entsteht, ein Stück Welt, das meist einen Vorgang dramatischer Art enthält[3]. In einem weiteren Arbeitsvorgang wird dieses Gebilde zur Wirklichkeit des Autors in Beziehung gesetzt, zu jener inneren und äußeren Welt, auf die das Werk verweist, da es aus ihr entstanden ist.

Bei diesem Lektürevorgang, bei der Bewegung der Assoziationen, die im Leser ablaufen, spielen die Vorkenntnisse eine wichtige Rolle; Literaturkenner pflegen die Eigenheiten eines Textes zu den Eigenheiten anderer Texte des Autors und der Epoche in Beziehung zu setzen. Ich möchte die Lektüre aber ohne die Verwendung solcher Vorkenntnisse beginnen, als kleines Beispiel, wie literarische Texte, die für Schüler und Studenten meist etwas Abweisendes und Verschlossenes haben, geöffnet, in Bewegung versetzt, verflüssigt werden können, zum Sprechen zu bringen sind.

Der Aufbau der Darstellung durch den Leser[4]

Eine erste Lektüre hinterläßt das Bild eines bedrückenden Regentages; eine quälende Stimmung und das Gefühl des Eingesperrtseins kulminieren in einem Angstanfall. Betrachtet man den Text genauer und in seiner Gesamtheit, so fällt der systematische Bau auf: Das Gedicht besteht aus einem Satz, eingeleitet durch drei gleichartige, parallele Nebensätze in den Strophen 1–3, die mit »Wenn« beginnen, wonach jeweils ein Aspekt der Außenwelt mit dem lyrischen Ich in Verbindung gebracht wird. Das »Plötzlich« in Strophe 4 markiert einen Umschlag der Stimmung und Strophe 5 bringt ein großes Schlußbild. Auffallend ist die intensive Bildlichkeit des Gedichtes, beginnend in der ersten Zeile mit dem »Himmel« als einem »Deckel«, der auf dem Geist lastet. Hier hat die Arbeit des *Bastelns,* des Aufbaus des geistigen Gebildes, die Umsetzung der Wörter in konkrete Vorstellungen (die »Konkretisierung«[5]) einzusetzen. Der »Deckel« ist zu konkretisieren als Deckel eines Topfes oder Sarges. Da der Himmel die ganze Welt bedeckt (»den ganzen Kreis des Horizonts«) ist die Welt ein

Topf oder Sarg mit einem Deckel und da dieser Deckel auf dem Geist lastet, ist dieser Geist ein Topf oder Sarg und damit zugleich identisch mit der Welt. In Strophe 2 wiederholt sich diese Übertragung (die Metaphorisierung): Die Erde hat sich in einen Kerker verwandelt. Damit wird die Vorstellung des Topfes und/oder Sarges vom Bild des Kerkers überlagert. Strophe 3 führt nochmals diesen Prozeß vor: der Regen ahmt die Gitter eines Gefängnisses nach; das wiederum wird mit ›unseren Hirnen‹ gleichgesetzt. Die Bilder aus Strophe 1–3 sind also übereinander projiziert.

Die Räumlichkeit der Szene muß in der Vorstellung des Lesers plastisch werden: Die Welt ist ein Topf-Sarg-Kerker-Gefängnis und zugleich ein Mensch, ein menschlicher Kopf, der von innen gesehen wird, als riesiger Innenraum in dieser Identifizierung von Mensch und Welt. Darin spielt sich vielerlei ab. Der Geist ›stöhnt‹, da er eine »Beute langer Depressionen« ist. Mit »Beute« deutet sich eine Jagd- oder Kampfszene an, wodurch sich, unterstützt durch das Wort »lang«, die Depressionen in lange Züge von Angreifern umsetzen, die über den Geist herfallen. Zur Bedrückung durch den Himmelsdeckel und die Depressionen kommt noch das ›schwarze Licht‹ hinzu, das der Himmel herabgießt. Ähnliches ereignet sich in Strophe 2. Die »Hoffnung« ist wie eine »Fledermaus«, die ängstlich nach oben flieht und sich den Kopf an der Decke des Kerkers anstößt, der damit wieder wie der Deckel des Himmels ist. »Hoffnung« – *Espérance* klingt an »Geist« – *esprit* an. In poetischer Sprache tendieren gleichartige Wortkörper dazu, gleichbedeutend zu werden. Strophe 3 bringt wiederum eine ähnliche Szene: Die ›Spinnen breiten ihre Netze aus‹, für die Beute, womit das Motiv von Strophe 1 anklingt. Die Spinnen sind ebenso wie die Depressionen Angreifer, Jäger; durch das Wort »Volk« wird die menschliche Dimension bestätigt. In Strophe 4 ›springen und heulen die Glocken‹, auch sie belebte Wesen, voller Wut, ›Geister, die hartnäckig jammern‹ (oder plärren). ›Sie schleudern ihr Geheul zum Himmel‹, sie sind also in dem Innenraum (Topf-Sarg-Kerker); sie sind aggressiv und daher, ebenso wie die Geister, mit den bösartigen Angreifern von Strophe 1–3 gleichzusetzen. In Strophe 5 erscheint wieder der Innenraum, als »meine Seele«. »Leichenwagen« ziehen hindurch, ›die Hoffnung weint besiegt‹. Dann erscheint die »Angst«; sie ist als Frau vorzustellen, denn *Angoisse* ist im Französischen großgeschrieben, womit sie zur allegorischen Figur gemacht wird, was auch schon mit »Hoffnung« (*Espérance* und *Espoir*) geschah. Diese Frau pflanzt eine schwarze Fahne auf den Schädel des Sprechenden, als Geste eines Siegers.

Die Kampfesbilder fügen sich zu einem einheitlichen Vorgang zusammen. Der Kampf zwischen den Depressionen und dem Geist, die Verfolgung der Fledermaus Hoffnung, die Beutejagd der Spinnen erfahren in Strophe 4 eine Intensivierung; die Glocken wirken wie ein Signal zum Angriff. Zwischen Strophe 4 und 5 scheint eine Schlacht stattgefunden zu haben, in welcher der Geist und die Hoffnung besiegt wurden. Die Leichenwagen enthalten die Toten. Am Ende wird das Ich von der furchtbaren Frau zerdrückt, die man als Anführerin der Angreifer sehen kann. Dieser Vorgang ist nun wieder in die durch Strophe 1 – 3 evozierten Bilder und Dimensionen hineinzusetzen. Auf den Topf-Sarg-Kerker, der ein Kopf ist, wohl ein Totenkopf, worauf das Wort »Schädel« deutet (wie auch die Idee des Sarges und des Kerkers), auf diesen Totenkopf, der die ganze Welt umfaßt oder der der Schädel eines kosmischen Leichnams ist, der wieder mit dem sprechenden Ich identisch ist – auf diesen Weltenschädel pflanzt eine riesige Frau eine schwarze Fahne.

Nach dieser allgemeinen ›Konkretisierung‹ der Vorgänge sollen die Antagonisten, die Kämpfenden noch etwas genauer betrachtet werden. Das sprechende Ich gehört zu einem Wesen von kosmischer Größe, doch ist es wohl nur ein Teil dieses Wesens; auch ist es Wandlungen unterworfen: Es erscheint im »Geist«, in »uns«, »unsere«, »meine«, »meinem«; das Ich entwickelt sich also von einem unpersönlichen »Geist« über eine Vielheit des ›wir‹ zu einem Ich, das ›mein‹ sagt. Es ist wie ein allmähliches Zusichselbstkommen eines Ich, das seiner selbst erst im Moment des Besiegtwerdens inne wird. Zu diesem Ich gehören auch die allegorischen Gestalten der »Hoffnung«; zuerst als fliehende Fledermaus, dann weinend, wie ein Kind. So herrscht auf der einen Seite, der schwachen, das Geistige, Seelische vor. Die andere Seite wird von den Angreifern gebildet, sie sind ›böse‹, ›wütend‹, ›entsetzlich‹. Einige paradox wirkende Querverbindungen sind zu beobachten: Unter den Angreifern gibt es »Geister« (*esprits*) was sich mit »Geist« assoziiert; andererseits ist die »Hoffnung« wie eine »Fledermaus«, die als Jagdtier den »Spinnen« ähnlich ist.

Das Gedicht als Konflikt seelischer Kräfte

Welche Dimension der Wirklichkeit zeigen diese Bilder? Es handelt sich offensichtlich nicht um eine Darstellung der äußeren Realität – kosmische Riesenwesen existieren nicht in ihr – sondern um eine Darstellung der inneren Wirklichkeit, der Phantasiewelt. Was Baudelaire abbildet oder widerspiegelt, ist das Irreale, die Welt der Psyche wie sie in Träumen, Phantasien und Mythen zum Vorschein kommt. An dieser Stelle ist ein Blick auf die bisherige Kritik recht lehrreich.

Auerbach sieht in dem Gedicht das »graue Elend« dargestellt, die »ausweglose Verzweiflung; sie läßt sich nicht auf konkrete Ursachen zurückführen; (. . .) ein Moralist oder ein Arzt würden Mittel vorschlagen, sie zu heilen. Aber bei Baudelaire wäre es vergeblich.« Der Normalmensch würde mit einer »Pflichttätigkeit« gegen die »Depressionen« angehen; Baudelaire aber hatte kein derartig »geregeltes Leben«[6]. Spitzer meint, das Gedicht bewege sich auf drei Ebenen: »1) die psychologische Beschreibung des Gemütszustandes ›spleen‹, 2) die Anspielungen auf den physischen Zustand des Kopfwehs, 3) die allegorische Handlung eines Kampfes zwischen Hoffnung und Angst.« »Wir haben also eine Psychomachie vor uns, die wie im allgemeinen seit Prudentius der Kampf zwischen den guten und den bösen Mächten ist«[7]. Ähnlich sieht Le Hir am Ende »den frechen Triumph der Mächte des Bösen«[8]. Für Galand stehen die »Mächte der Finsternis denen des Geistes gegenüber«, der im Innersten bedroht wird und, in Strophe 4, mit einem »Ausbruch der Revolte« darauf antwortet[9]. Für Jakobson bedeutet der Titel »Ekel am Leben oder Verwerfung des

Seins«; der Dichter zeige einen »kosmischen Kerker«, die Fahne sei ein »Emblem der Trauer«[10]. Die Äußerungen der Kritiker sind recht abstrakt, ohne Beziehung zur Realität (nur in Spitzers »Kopfweh« zeigt sich etwas Reales). Man wird sich fragen: Warum war Baudelaire verzweifelt? Um welche guten oder bösen Mächte handelt es sich? Woher stammt die Idee der Revolte?

Spitzers Idee der Psychomachie hat gleichwohl etwas sehr Plausibles. Faßt man das Gedicht unter diesen Begriff, so wird ein wesentlicher Aspekt deutlich: Alles was im Gedicht geschieht, spielt sich im Dichter selbst ab; der Kampf ist nicht ein realer, äußerer, sondern ein innerer, d. h. Sieger und Besiegter sind Teile desselben Individuums. So läßt sich Baudelaires Gedicht als Phantasie lesen, als Darstellung von Wünschen und Ängsten. Der Riesenkopf enthält einen Innenraum, eben den Raum des Geistes, der Seele, in dem einerseits das Ich, das Bewußtsein und andererseits das Unbewußte »im Grunde unserer Hirne« (oder Hintergrund) dargestellt ist. Der Kampf ist ein Konflikt zwischen Bewußtsein und Unbewußtem, zwischen Ich und Es (in den Formen, die diese Instanzen beim Bürgertum des 19. Jahrhunderts besaßen). Das Ich erscheint als Geist, als Hoffnung, als Seele; es ist im Kopf zentriert, spirituell, christlich getönt, dem Über-Ich nahe, dem Oben zugeordnet. Und es ist schwach. Das Es ist tierisch, böse, gemein, unten; es ist stark, aggressiv und am Ende siegreich. Das Ich hat Angst vor dem Es, vor den Trieben, sie sind ihm fremd; es ist von sich selbst, von seiner Lebenskraft abgespalten (die gleichwohl in ihm brodelt wie im damals vielzitierten ›Topf des Alchemisten‹) und daher wie tot; ein Sarg, ein Totenkopf. Die eigene Lebenskraft erscheint ihm als Angst, doch eigentlich verkörpert diese Gestalt nicht Angst, sondern Aggressivität, siegreiche Kraft. – Der Sinn eines Traums ergibt sich (nach Freud), wenn man den Traumvorgang als Erfüllung eines Wunsches begreift. Das Gedicht würde, so betrachtet, besagen, daß im Dichtenden der Wunsch besteht, sein toter Kopf, sein lebloses Ich solle von seiner wütenden Lebenskraft besiegt werden, was logischerweise zur Wiederbelebung, zur Neugeburt führen würde. Doch diese Wunscherfüllung erscheint dem Ich als entsetzliche Niederlage, d. h. der Wunsch ist mit starken Verboten umgeben, wodurch er sich in Angst, in eine Vision der Selbstbestrafung, verwandelt. Der Sieg des Lebens wird zum Sieg des Todes.

Nach dieser (noch sehr abstrakten) Anwendung tiefenpsychologischer Erkenntnisse erhebt sich die Frage nach den Ursachen der Vorgänge: Woher kommt diese Spaltung, warum hat sich der eigene Wunsch in Angst verwandelt? Die Bewegung in den Bildern liefert erste Hinweise. Der Himmel drückt und gießt Schwarzes herab, das dann als Aggression wieder emporsteigt, im Prozeß von Druck und Gegendruck. Der Himmel pflegt Symbol der Moral, des Über-Ichs zu sein; sie üben Druck und Zwang aus und erzeugen so Aggression, Wut, Haß. Der Himmel (leicht personifiziert, indem er das schwarze Licht herabgießt; auch als Ziel des Geheuls der Glocken) läßt den Umriß eines grausamen Gottes, einer ganz frühen, bösen Elternfigur erahnen, die dann in Gestalt der Frau Angst wiederkehrt. Das Drücken des schwarzen Himmels auf den Geist wird durch den Druck der schwarzen Fahne auf den Schädel ersetzt. Der Geist aber fühlt sich christlichen Vorstellungen verbunden – »esprit«, »Espérance«, »Espoir« (»Espérance« ist eine »theologale Tugend«[11]) – die in einer späteren Phase der Lebenszeit aufgenommen wurden und nun den bösen Mächten unterliegen.

Was in diesem Schema der psychischen Kräfte nicht recht verständlich wird, ist die Gestalt der Angst als einer Frau. Um die Verbindung, die das Gefühl der Angst mit dem Bild der Frau eingegangen ist, zu erkennen, muß man sich das Unbewußte in seiner Schichtung vorstellen. Die Erfahrungsinhalte werden in zeitlicher Abfolge gespeichert. In den einzelnen Phasen der frühen Kindheit wird die Welt auf verschiedene Weise erlebt. Die riesigen Dimensionen der Bilder wie auch die Gleichsetzung von Innen und Außen, von Ich und Welt, weisen auf die Erfahrungsweise des frühen Narzißmus, in der Ich und Welt noch nicht geschieden sind[12]. In dieser Phase ist eine riesige Frau ein Symbol der Mutter. Hinter der Angst steht also ein Liebesverlangen, und doch ist die Mutterfigur zugleich ein Symbol der eigenen Aggressionen. Dieser schwierige, paradox erscheinende Sachverhalt läßt sich mit dem Modell der Identifikation mit dem Aggressor begreifen[13]. Das unterdrückte Kind identifizierte sich mit der aggressiven Mutter: Es wollte so wild und stark sein wie diese; zugleich fürchtete es die Mutter aber auch und ebenso seine eigenen Triebe, da diese ja unterdrückt wurden (auch wurde das Kind später zur Frömmigkeit erzogen, wie *esprit, Espérance, Espoir* zeigen)!

Bedenkt man die von der Psychoanalyse erforschten frühen Erfahrungsweisen (die Identifizierung ist ein regressiver Ersatz für die Objektliebe[14] und tendiert zu einer totalen Verschmelzung), so ergeben sich weitere Bedeutungsschichten, die sich auch in anderen Texten Baudelaires zeigen. Die Grundfigur des Gedichts, der Kampf, ist bei Baudelaire meist eine Metapher für die Liebe (vgl. »Plauderei«, s. S. 34); »Der Vampir« (s. S. 35) macht die fanatisch-zwangshafte Verbindung der beiden Kämpfenden besonders deutlich. Das Urbild dieser Liebe findet sich in dem Gedicht »Der Selbsthenker«, das zahlreiche Parallelen zu »Der Vampir« aufweist:

> Ich bin die Wunde und das Messer!
> Ich bin die Ohrfeige und die Backe!
> Ich bin die Glieder und das Rad,
> Ich bin das Opfer und der Henker!

Im Tagebuch heißt es: »Ich glaube, ich habe in meinen Notizen schon geschrieben, daß die Liebe große Ähnlichkeit mit der Folter oder mit einer chirurgischen Operation hat. (. . .) Dieser oder diese ist der Chirurg oder der Henker; der oder die andere ist der Unterlegene, das Opfer. (. . .) Ich aber sage: Die einzige und höchste Lust in der Liebe besteht in der Gewißheit, das *Böse* zu tun.« Hier erscheint der Geschlechtsverkehr in Form des sadistischen Koitus[14]. Der Penis wird als Messer phantasiert. In ähnlicher Weise wird die Liebe in dem Gedicht »Sammlung« als ein Geschlagenwerden vorgestellt: »unter der Peitsche der Lust, dieses Henkers ohne Erbarmen«. Lust ist auch hier eine Allegorie und zwar eine männliche Gestalt: *le Plaisir*; der Penis wird als Peitsche phantasiert. Hat ein Mann eine derartige sadomasochistische Phantasie, so pflegt er in diesem Szenarium die passive Rolle einzunehmen und sich den Verkehr als anal vollzogene Vergewaltigung vorzustellen[15].

So steigen aus dem Gedicht eine Fülle kurz aufblitzender, kaleidoskopisch sich wandelnder Bilder (in schnellem Wechsel wie im Drogenrausch, der die vielfältige Assoziationsstruktur des Gedächtnisses anschaulich werden läßt). Dabei ist zwischen Vorder- und Hinteransicht zu unterscheiden (je nachdem, ob man mit oder ohne Zensur liest). Vorn sieht man den Sieg der aggressiven Kräfte über den kosmischen Leichnam, der in einem Angstanfall zuckt. Im Hintergrund aber verwandelt sich die Fahne (die Fahnenstange, die aufgepflanzt wird – *planter* besaß für Baudelaire auch eine sexuelle Bedeutung[16]) in den Penis einer phallischen Frau, die den Leichnam koitiert (der Kopf ist zugleich ein nach oben verschobener Anus), was dieser in masochistischer Unterwerfungslust genießt. Der Angstanfall, der auch den als lustvoll empfundenen Durchbruch des Hasses impliziert, ist im Hintergrund ein Orgasmus[17]. Derartige Phantasien pflegen eine geheime Geschichte, eine latente Zukunftsdimension zu enthalten[18]. Indem der Leichnam koitiert wird, erhält er selbst den Penis, das Penisgefühl; er wird lebendig. Er wird sein eigener Haß, in welchem seine Lebenskraft eingeschlossen ist. Nun weht auf seinem Kopf die schwarze Fahne (die auch ein Phallussymbol ist), er wird selbst, als Neugeborener, die triumphierende Furie, groß wie das Weltall.

Die historische Wurzel des Gedichts: Der Schock vom Juni 1848

Eine Psychomachie pflegt auch eine Darstellung historischer Kämpfe zu sein. Phantasien (wie Träume) haben ihren Anlaß in der äußeren Realität, die sich dann mit Bildern des Unbewußten vermischt[19]. Um Baudelaires Text genetisch zu verstehen, muß er in die Dimension der gesellschaftlichen Erfahrungen Baudelaires gestellt werden.

Der Gesamtvorgang evoziert die Erstürmung eines riesigen Gefängnisses. Dazu assoziierte jeder Franzose die Erstürmung der Bastille, ein Ereignis, das für Baudelaire eine spezielle Bedeutung hatte, denn es war die Ermöglichung seiner Existenz, da sein Vater sonst Priester geblieben wäre. Die Glocken sind als Sturmglocken der Revolution zu verstehen (s. S. 23). Die »Geister ohne Vaterland« lassen an Arbeiter denken: »Die Arbeiter haben kein Vaterland«[20]. Einige Jahre vorher hatte Alphonse Constant schon geschrieben: »Der Arme hat kein Vaterland.« Er nannte »die Proletarier« die »Armee des Hungers«[21]. Die von den Kritikern als Symbol des Bösen oder der Trauer bezeichnete schwarze Fahne gab es auch in der Realität. Sie war (neben der roten) Zeichen der Aufständischen im Februar und im Juni 1848. Auch die Lyoner Arbeiter von 1834 hatten eine schwarze Fahne (mit einer Aufschrift) und sie erschien im Juni 1848 wieder (s. S. 64). Von Barthélémy, der den Bau der Barrikade am Boulevard du Temple leitete, schrieb Hugo in »Les Misérables« (V,1), er habe die »schwarze Fahne« aufziehen lassen. Vermutlich war auch die Fahne der beiden Mädchen vom Anfang des Juni schwarz (s. S. 65). Wahrscheinlich kannte Baudelaire diese Szene (hatte von ihr gehört wie Engels und Hugo oder sie selbst gesehen). Die Allegorie des Gedichts verband sich für Baudelaire, der Delacroix sehr bewunderte, sicher auch mit dessen Darstellung der Revolution von 1830 »Die Freiheit führt das Volk« (s. S. 21). Die Revolution erscheint ein einziges Mal direkt in Baudelaires Dichtung (im Gedicht »Sisina«[22]) und wird auch hier mit einer Frau verbunden:

> Saht ihr Théroigne, die das Gemetzel liebt,
> Wie sie ein unbeschuhtes Volk zum Angriff aufreizt,
> Die Wange und das Auge voller Feuer, spielt sie sich auf,
> Erklimmt, den Säbel in der Faust, die königlichen Stufen.

Es geht hier um den Aufstand vom 10. August 1792, der zur Abdankung des Königs führte und die radikale Phase der französischen Revolution einleitete. Théroigne de Méricourt war eine junge Frau, eine begeisterte Kämpferin für die Revolution mit großer Beredsamkeit, »von der Menge wegen ihres Mutes und ihrer Schönheit bewundert«. In Michelets Darstellung der Szene begegnete sie an jenem Tage dem Journalisten Suleau, ihrem Todfeind, einem »der wütendsten Agenten der Aristokratie. Suleau und Théroigne standen einander gegenüber: die Leidenschaft der Leidenschaft.« Es wurde berichtet, »daß das Mannweib (klein und sehr zart, trotz der glühenden Energie) mit eigener Hand den großen starken Mann, dessen Kraft die Verzweiflung verzehnfacht hatte, niedergemacht habe«[23]. Man kann annehmen, daß diese Szene zusammen mit Théroignes späterem Schicksal – da sie die Morde vom 2. September anprangerte, wurde sie von den Montagnards öffentlich verprügelt, was sie für den Rest ihres Lebens in den Wahnsinn trieb – Baudelaires Phantasie sehr berührte; es kam die Darstellung Lamartines hinzu, der Théroigne als Hure verleumdete[24], womit alle Aspekte von Baudelaires Frauenbild angesprochen waren.

Neben diesen allgemeinen, historisch-künstlerischen Assoziationen wird man Baudelaires eigene Erfahrungen der Revolution in dem Gedicht zu suchen haben. Februar war der euphorische Sieg, die Hoffnung auf die Zeitenwende, verbunden mit der Wiederkehr Christi als eines Barrikadenkämpfers (s. S. 55). Der Juni aber brachte nicht die Wiederholung des Sieges, sondern die grauenhafte Niederlage. LeVavasseur (s. S. 24f.) schildert einen Baudelaire voller Todesbesessenheit und Zerstörungswut. Im Oktober 1848 aber (s. S. 71f.) verleugnet Baudelaire diese Erfahrungen; sie deuten sich in den »Limbus«-Gedichten an, doch phantastisch verzerrt und unkenntlich geworden. Man muß folgern, daß Baudelaire einen Schock erlitten hatte[25], er konnte die entsetzlichen Szenen nicht verarbeiten und verdrängte sie; sie sanken ins Unbewußte und vermischten sich mit frühen Phantasien. Baudelaire spaltete so einen wesentlichen Teil seiner Erfahrungen ab, die aber eben auf diese Weise im Unbewußten einen Konflikt bildeten, der nach Wiederkehr ins Bewußtsein drängte und dessen Dynamik seine Phantasie, seine poetische Produktion, in starkem Maß beeinflußte.

Ein Grund für diese Verdrängung, für diese Nichtverarbeitung durch das Bewußtsein, war sicher auch seine politisch-ideologische Position. Er hatte vom Februar bis Juni 1848 für eine stark christlich gefärbte Eintracht, für die Versöhnung der Klassen plädiert (s. S. 52f.) und Blanquis Theorie des antagonistischen Klassenkonflikts, der kompromißlosen revolutionären Aktion mit dem »Kriegsrecht des Volkes« (s. S. 51), das eine Diktatur der Revolutionäre einschloß, abgelehnt. Andererseits aber sympathisierte er emotional mit dieser Einstellung, was zu seinen Ansichten über den 15. Mai und zur Teilnahme am Juni führte.

Der Schlüssel zum Verständnis von Baudelaires Erfahrungen der Revolution findet sich in einer ganz späten Notiz aus Belgien:

»Wenn ich bereit bin, Republikaner zu sein, *tue ich das Böse und weiß es.* Ja! *Es lebe die Revolution!* Immer! Trotz allem!

Aber ich mache mir nichts vor, ich habe mir nie etwas vorgemacht! Ich sage *Es lebe die Revolution!* wie ich sagen würde: *Es lebe die Zerstörung! Es lebe die Buße! Es lebe die Züchtigung! Es lebe der Tod!* Nicht nur wäre ich glücklich, Opfer zu sein, ich hätte auch nichts dagegen, Henker zu sein – um die Revolution auf beide Arten zu fühlen!«

Man lese nochmals den Bericht von LeVavasseur (s. S. 24f.) und bedenke dann Baudelaires Notiz: In einem emotionalen Ausbruch tritt Baudelaire für die Revolution ein und da steigen christliche Ideen des Bösen auf; in einem neuen Anlauf wiederholt er sein Bekenntnis, es kommt der Gedanke an die »Zerstörung« und dann wird er von Bildern der »Buße«, der »Züchtigung«, des »Todes« überfallen und nun erscheint das Motiv von »Opfer und Henker«. Hier liegt die Wurzel der Rätsel: Plötzlich will Baudelaire auch Henker sein, d. h. etwas in ihm springt um, er spaltet sich – ein Teil von ihm will auf Seiten der Sieger stehen. Im Unterlegenen, im Besiegten pflegen sich solche Phantasien zu bilden.

Das Gedicht in seiner Entstehung

Man kann nun versuchen, die Phantasie des Gedichts, die unbewußten Gedanken hinter den Bildern zu rekontruieren. Da das Gedicht in den achtzehn »Blumen des Bösen« von 1855 nicht enthalten ist, entstand es vielleicht erst 1856. Butor untersuchte Baudelaires Lage in jener Zeit und ging dabei von einem Traum vom 15. 3. 1856 aus, in welchem Baudelaire in ein Bordell geht und dort auf einem Piedestal ein monströses Wesen sieht, aus dessen Kopf ein langer schwarzer Auswuchs kommt. Baudelaire begegnet hier sich selbst. Ein erotischer Wunsch verwandelt sich in Angst und wie im Gedicht ist der Kopf mit einem großen schwarzen Objekt belastet[26].

Die Ausgangslage von Baudelaires Gedicht ist »das graue Elend« (Auerbach, s. S. 126), er fühlt sich eingesperrt, wie tot, aber zugleich hat er Hoffnungen und Wünsche (wie Butor zeigte) und diese steigen in ihm auf, doch verwandelt in Impulse des Hasses, der Revolte, wogegen sich aber sein Ich wehrt, da es durch den Staatsstreich »physisch entpolitisiert« und fromm geworden war (in »Geistige Morgenröte« wird diese »Entpolitisierung« als »opération« dargestellt). Um diesen Konflikt kristallisieren sich frühere Erfahrungen und dabei greift Baudelaire weit zurück. Der Wunsch nach Erneuerung, nach Wiedergeburt holt den Gedanken an die eigene Geburt herbei, der auch schon konflikthaft ist: Der Vater war Priester gewesen und zur Revolution übergegangen: Baudelaire hatte sich als Sohn Gottes phantasiert (was in »Segen« offen zu Tage liegt, hier wird der Dichter mit Christus identifiziert), doch auch als Sohn Satans. Die Geburt wird als Befreiung aus der Bastille vorgestellt, zugleich als Geburt bzw. als Wiedergeburt Christi (übrigens hat Delacroix' Bild die Auferstehung Christi als Vorlage[27]), was Baudelaire im Februar 1848 phantasiert hatte. Der Barrikadenkämpfer Christus aber war eine illusionäre Versöhnung der psychischen und gesellschaftlichen Konflikte gewesen. In »Segen« strebt dieser Christus zum Herrn der himmlischen Heerschaaren, dem in der Realität Napoleon III. entsprach.

Diese Ambivalenz zeigt sich auch in der »Hoffnung« (Strophe 2); sie ist ein christliches Element, das einerseits auf Tendenzen zur Identifizierung mit den Herrschenden verweist, doch andererseits auf die christlich-utopischen, hoffnungsvollen Bestrebungen des Februar, die aber nun mit tieferen Impulsen des Hasses im Konflikt liegen, der dann in Strophe 4 ausbricht. Glocken sind Symbole des Christentums, d. h. immer noch bewegt sich Baudelaire in Bildern des ›Guten‹, aber die Glocken sind zu Sturmglokken der Revolution geworden und läuten insgeheim einen neuen Kalender ein[28]. Die »Geister« erscheinen; als *esprits* erinnern sie an den christlichen Februar; sie »jammern« wie Kinder.

Der Kampf selbst ist ausgespart, die Leerstelle zwischen Strophe 4 und 5 ist als Wirkung des Junischocks zu verstehen: Das Gemetzel blieb in der Verdrängung. »Lange Leichenwagen ohne Trommel noch Musik«, d. h. ohne militärische Ehren. Um welche Toten handelt es sich? Wohl um die Opfer des Kampfes. Sind hierbei eher die Verteidiger der herrschenden Klasse (sei es bezogen auf 1789 oder Februar und Juni 1848) intendiert oder aber vor allem die Aufständischen? Von Baudelaires Erfahrungen her ist zu folgern, daß es sich um die Leichen der Arbeiter im Juni 1848 handelt. (Im ersten »Spleen«-Gedicht ergießt sich die »Sterblichkeit« über die »Vorstädte«, also über die Arbeiterviertel, in einem anderen »Spleen«-Gedicht ist vom »Massengrab« die Rede.) Auf diese Arbeiter deuten auch die Wortbezüge, die assoziativen Verbindungen der Sprachelemente (die wie kryptische Chiffren in der Traumdeutung zu behandeln sind): »Lange« verbindet sich mit den »langen Depressionen« und »ohne Trommeln« mit »ohne Vaterland«. Die ›weinende besiegte Hoffnung‹ entstammt dem Februar (in der Druckfahne des Gedichts »flieht sie zu anderen Himmeln«, hier hatte sie noch stärker Anteil am Christentum der Herrschenden in »Segen«); sie wirkt wie ein Kind, womit sich eine Verbindung zum Jammern der »Geister« herstellt.

Dann kommt die siegreiche Frau Angst herein. Nimmt man die Belgiennotiz (s. S. 133) als Grundmuster von Baudelaires psychischem Ablauf, so folgt nun nach Buße, Züchtigung und Tod das Ritual von Opfer und Henker. Reale Erfahrungen und daraus entstandene Phantasien haben sich vermischt. Baudelaire erlebte den Sieg von Cavaignac und auch den Sieg von Louis Bonaparte. Beide waren ›entsetzlich und despotisch‹, entsetzliche Despoten, sie waren Henker der Revolution, denen jedoch (nach der Niederlage) ein Teil von Baudelaire zugehören wollte. Aber die Frau Angst führt auch die Bewegung der bösen unteren Kräfte fort. Um diese Paradoxien zu durchleuchten – auch ist es ja sonderbar, daß die historischen Sieger als Frau dargestellt werden – wird man einen Blick auf andere Gedichte Baudelaires werfen. Als sein »Ideal« bezeichnet er »Lady Macbeth, Seele des Verbrechens mächtig« (s. S. 18); im ersten »Spleen« (s. S. 36) sprechen der schöne Herzbube und die Piquedame über ihre tote Liebe; dazu »Théroigne« mit ihrem Säbel. Hier erscheint das Bild einer mächtigen siegreichen Frau und durch Théroigne mit einer siegreichen Revolution verbunden. Im Einleitungsgedicht der »Blumen des Bösen«, »An den Leser«, nennt Baudelaire den »Ennui« (gleichbedeutend mit ›spleen‹) die größte Sünde, »er möchte aus der Welt einen Trümmerhaufen machen« und »träumt von Schafotten«, was auch an die französische Revolution und zwar an 1792/93 denken läßt. Der »Ennui« ist unterdrückter Haß, den Baudelaire mit dem »Terreur«, mit der Diktatur von Robespierre, verbindet. Auf 1848 übertragen, stellt sich der Gedanke an Blanqui ein (siehe dessen Bezugnahme auf 1792, S. 51).

So zeichnet sich hier ein weiterer Gedankengang ab: Insgeheim hatte Baudelaire inzwischen seine christlich-proudhonistische Position von 1848 verworfen; der Haß des Besiegten suchte nach Bildern einer radikalen und siegreichen Gewalt, mit denen er ein Gegenbild, ein Trotzdem, einen utopischen Entwurf erbaute. Baudelaire kombinierte 1793 (»1793 war voller Blut«, S. 55) mit Blanqui, um aus der Niederlage einen Sieg zu machen. Ein Indiz für diese Abkehr von der Februarposition ist auch die Notiz, die Baudelaire 1857 dem Gedicht »Die Verleugnung des heiligen Petrus« beifügte: Er weist dort den Gedanken zurück, er habe aus Christus, dem »ewigen und freiwilligen Opfer« einen »egalitären und verheerenden Attila« machen wollen. Aber gerade das ist sein geheimer Wunsch: Attila wurde schon im Oktober 1848 mit dem Juniaufstand assoziiert (S. 72); doch wird dieser Wunsch abgewehrt und in »Spleen« ist er in Angst verwandelt.

Die dichterische Gestaltung dieses politischen Gedankengangs – der Konflikt zwischen Proudhon und Blanqui (Strophe 1–3), die Erinnerung an den Juni (Strophe 4) und an dessen Ende (Strophe 5, Zeile 1–2) und das paradoxe Schlußbild als Niederlage und Sieg in einem – läßt sich mit Freuds Phantasiemodell verstehen: Ein äußerer Anlaß erweckt einen Wunsch, der nicht befriedigt werden kann; er sinkt ins Unbewußte und sucht eine kindliche Szene, wo er erfüllt wurde und baut nach diesem Muster eine Szene der Wunscherfüllung[29]. Baudelaires suchender Geist fand in der Kindheit die Erfahrung der Identifikation mit dem Agressor, hier wurde eine Niederlage in einen Sieg umphantasiert. Aus jener Zeit stammt die Gestalt der Frau Angst. Man wird folgern können, daß im Juni der Schock ins Unbewußte zu den kindlichen Szenen durchgebrochen war (Baudelaire rief gleichsam die Mutter um Hilfe); die Bilder des Kampfes sanken in die frühe erotische Schicht und erzeugten die häufigen Assoziationen von Liebe und Kampf in Baudelaires Gedichten.

Ohne den Kindheitsschock wäre der Junischock so nicht erfahren worden, aber ohne die historischen Erfahrungen des Juni wäre auch der Kindheitsschock nicht evoziert worden. Baudelaire konstruierte sein Gedicht aus historischen Ereignissen und Tendenzen, aber was in ihm konstruierte, war der Wunsch. Das Gedicht läßt die historische Szenerie Frankreichs von 1789 bis 1848 und 1851, ja bis 1871 (s. unten) erkennen. Das Gedicht entstand andererseits aus den Zufällen von Baudelaires individueller Existenz, die allerdings in hohem Maß zeittypisch waren. In der Frau Angst als einer Mutterfigur sind Baudelaires Mutter wie auch Mariette (s. unten) und Jeanne Duval enthalten; zu-

Jeanne Duval
Zeichnung Baudelaires

gleich hat diese Figur eine sozialpsychologische Relevanz, das zeigt die Fülle der übermächtigen Frauengestalten in der Literatur des 19. Jahrhunderts, die Praz in den Bildern der *Belle Dame sans merci* und der *Medusa* zusammenfaßte[30]. Diese Konstellation einer dominierenden Frau und eines schwachen Mannes (der meist das Opfer der Frau wird) deutet auf eine Identitätsschwäche, die gesellschaftlich zu erklären ist: Nachdem die bürgerliche Klasse gesiegt hatte, war sie ausbeuterisch und repressiv geworden, sie hatte ihre alten Ideale verraten. Die bürgerlichen Schriftsteller identifizierten sich nicht mehr mit ihrer Klasse, sie wurden isoliert, pessimistisch. Die neue, aufsteigende Klasse, die wieder Ideale und Utopien produzierte, war erst im Entstehen, der Übergang zu ihr war schwierig, doch konnte man auf diese Weise eine neue Identität gewinnen[31], wie später Brecht und Aragon vorführten und Baudelaire es bereits im Dupont-Aufsatz gezeigt hatte. Das Gedicht läßt sich begreifen als Wunsch eines bürgerlichen Kopfes, sich mit dem Proletariat zu identifizieren, was oft Vergewaltigungsphantasien, -wünsche und -ängste auslöst. Diese allgemeine Lage hatte sich im Juni 1848 aufs Äußerste zugespitzt: Auf das Pathos der Pujolrede (s. S. 62f.) folgte die totale Entwürdigung, die Flaubert beschrieb (s. S. 69f.). Man wird diese Vorgänge zu den Nuancen des Stils in Beziehung setzen, der (nach Auerbach) den Ton »höchster Würde« mit Bildern der »Würdelosigkeit« kontrastiert.

Die euphorische Kehrseite des »Spleen«-Erlebnisses

Baudelaire lauschte in sich hinein und setzte die inneren Stimmen, die aufsteigenden Bilder mit ihren vielfältigen Nuancen in sprachliche Äquivalente um. Die reproduzierende, rekonstruierende Arbeit des Lesers läßt (mit Hilfe neuer Theorien über Seele und Gesellschaft) den ursprünglichen (noch nicht durch die innere Zensur verkehrten) Wunsch, der sich in den Bildern sowohl verbirgt wie auch zeigt, ans Licht kommen. Darauf richtete sich eben die Intention von Baudelaires Unbewußtem, das (wie jedes) auf Mitteilung und Kontakt gerichtet war. Die Wunschdynamik, die der Leser in »Spleen« findet, hat Baudelaire selbst in anderen Gedichten entfaltet. »Spleen« steht in weiteren Zusammenhängen und ein Gesamtverständnis dieses einen Gedichts muß andere Gedichte miteinbeziehen. Dabei wird man zwei Dimensionen beachten: Die lustvolle Kehrseite der »Spleen«-Phantasie und dann jene späteren Texte, in denen der Konflikt mit der Aggression ausgetragen wird.

Die erstere Thematik erscheint in einem Teil der »Ideal«-Gedichte. *Ideal* umfaßt für Baudelaire einerseits die Haltung der Anbetung und asketischen Vergeistigung, wie sie gegenüber Gott in »Segen« und gegenüber der Geliebten in Gedichten wie »Plauderei« oder »Geistige Morgenröte« gestaltet wurde, eine Vergeistigung, die der Verdrängung dient und zu geheimer Obszönität führt[32]. Die Sphäre des *Ideal* umfaßt für Baudelaire aber auch große Euphorien, Erlebnisse der eigenen Sinnlichkeit. Erfahrungen aus frühen Schichten, wo die Sinne noch synästhetisch vermischt sind, intensiv lustvolle Ausdehnungserlebnisse erscheinen in »Entsprechungen« (hier spielen Drogenerfahrungen mit hinein); kosmische Weite wird evoziert, wie in »Spleen«, doch mit positivem Vorzeichen. Diese Erfahrungen werden nach 1857 zunehmend konkreter. In »Das Haar« (1859) entsteigt dem Haar der Geliebten eine euphorische Welt

Baudelaires Mutter. Fotografie

voller Düfte, Wärme, Gewiegtwerden (vgl. den Drogentext S. 16): »Infinis bercements du loisir embaumé« (Str. 5, Z. 5): In einer tiefen Regression findet der Dichter ›eine ferne, fast tote Welt‹ – die eigenen frühen Gefühle, die als ›Wein der Erinnerung‹ aufsteigen. Die Wiederkehr dieses Bereichs von Baudelaires Erlebnismöglichkeiten kulminiert im Prosagedicht »Die Menge« (1861). Der Dichter verschmilzt hier mit der Menge, er erlebt eine »Orgie«, »geheimnisvolle Trunkenheiten«. In phantasierten, aktiven wie passiven Berührungserlebnissen wird die freiströmende Libido als Rausch empfunden; es mischen sich sexuelle und religiöse Assoziationen[33].

Auch diese drei Gedichte haben eine politische Dimension, ja sie wurzeln in ihr. »Entsprechungen« verwendet Ideen von Swedenborg und Fourier. Auch deutet die Verbindung von ›Faulig‹ und ›triumphierend‹ auf einen Sieg unterer, tabuisierter Mächte und zugleich auf die ekstatische Einheit des Entgegengesetzten. Auf eine ganz sublimierte und mystische Weise spiegelt sich hier die Figur von Baudelaires Februarerfahrung[34]. In »Das Haar« bewegt der Dichter das schwarze Haar wie ein Taschentuch im Wind und vergleicht es dann mit einer Fahne[35]. Das Gedicht ist eine Umkehr des »Spleen«-Erlebnisses: Die Unterdrükkung, Unterwerfung hat sich in lustvolle Hingabe verwandelt, der Dichter versinkt in die gefürchteten und ersehnten Bereiche des eigenen Unbewußten. Die orgiastische Verschmelzung mit der Menge in »Die Menge« ist eine Erinnerung an die »Atmosphäre universaler Liebe« aus dem Februar (s. S. 52), die eine Illusion war (wie Baudelaire und Marx sagten, S. 56 und S. 57) und doch voll Poesie (Marx, S. 57). Genau so werden die Vorgänge im Gedicht dargestellt: Alles ist Phantasie, ein realer Kontakt findet nicht statt. Das Ende des Gedichts weist über den Februar hinaus: Der Dichter wendet sich gegen die »Glücklichen dieser Welt« und vergleicht sich mit den »Koloniengründern am Ende der Welt«, worunter Amerika zu verstehen ist; dort gründeten die utopischen Sozialisten ihre Kolonien, z. B. Cabet, der nach dem Juni 1848 nach Amerika, in sein *Ikarien*, ging. Im Gedicht »Die Reise« (1859) heißt es: »Meine Seele ist ein Dreimaster, der sein Ikarien sucht«.

Die Zukunftsdimension von »Spleen«: »Prügeln wir die Armen!« Die Verwandlung der Depression in Aggression und die Wiederkehr des Juni 1848 auf dem Wege zur Commune von 1871

Die in Depression verkehrte Aggression von »Spleen« kommt im Spätwerk Baudelaires wieder zu sich selbst. Baudelaires Werk bietet so, nach der ästhetischen Konstruktivität von »Spleen«, die den geheimen Knotenpunkt des 19. Jahrhunderts gestaltete, sowie den Gedichten der Lustbilder, die den Leser zur eigenen, nachahmenden Phantasietätigkeit anregen, einen dritten lehrreichen Aspekt, da diese letzte Phase ein Analogon zum psychonanalytischen Prozeß, der Begegnung mit den eigenen Konflikten und deren Verarbeitung, darstellt.

Nach der rauschhaften Phase der Verschmelzung und Einheit (um 1860) beginnt Baudelaire die Realität klarer wahrzunehmen und damit auch die sozialen Konflikte; sie sind mit seinen persönlichen psychischen Konflikten verbunden. Kindheitserinnerungen steigen auf, nun fast unverschleiert (das Dienstmädchen in »Die Berufungen« zeigt Mariette, das Dienstmädchen der Baudelaires; das Urbild des schwarzen Haars wird sichtbar.) »Das lebende Spielzeug« enthält die Begegnung eines bürgerlich-braven Kindes mit einem Arbeiterkind, das zum Symbol einer weniger starken Triebunterdrückung wurde. Die ungehemmte, doch blinde Aggressivität, die aus der Armut resultiert, zeigt sich in »Der Kuchen«. Baudelaire erforscht sich selbst, entdeckt seine eigene, nicht mehr verklärte Kindheit wieder.

Die letzten drei Prosagedichte bringen den Austrag der Konflikte, die Umwertung der Werte, durch den Kontakt mit sich selbst und mit der Außenwelt, der nun in Dialogform gestaltet wird. »Mademoiselle Bistouri« ist eine Frau, die Chirurgen und ihre Messer liebt; sie hat Sympathien für die Aufständischen (es handelt sich um den Juni 1848[36]). Baudelaires Bild der aggressiven Frau spricht aus ihr, doch noch hat er Angst, diesen Teil von sich selbst zu akzeptieren. In »Verlust des Heiligenscheins« (vorbereitet in »Ein heldischer Tod«) verliert der Dichter die Aureole, von der er seit »Segen« träumte; sie war das Symbol des frommen, unterwürfigen Dichters, eine Kompensation für die unterdrückten ›verpesteten Knospen‹ (»Segen«, Str. 4), er ist jetzt wie alle und darf böse Dinge tun. Der Bekannte, der ihn trifft, ist ein Symbol des Priester-Vaters, er ermahnt ihn zur Moral, zur Rückkehr in die alte Rolle, doch der Dichter lehnt ab. In »Prügeln wir die Armen!« befaßt sich der Dichter mit sozialen Problemen und zwar »vor 16 oder 17 Jahren«, d. h. im Jahre 1848[37]. Dann geht er zur Kneipe (Marx und Benjamin haben diese Kneipen beschrieben[38]) und trifft den Bettler – sein Selbstbild aus »Segen«, zugleich der tote Vater als schwacher Vater (wie in »Der alte Gaukler«). Als das Mitleid, das zugleich Selbstmitleid ist, in ihm aufsteigen will, hört er den »Dämon der Tat«, den »Dämon des Kampfes« und identifiziert sich mit ihm. Er schlägt den Bettler, bis sich dieser erhebt und zurückschlägt. Baudelaire agiert hier sein Erfahrungsschema aus: Aggression erzeugt Angst, da sie Bestrafung nach sich zieht. Nun aber ist er fähig, diese Phantasien zuzulassen und sich so mit seinen wahren Wünschen zu versöhnen. Er macht die Spaltung durch den Junischock rückgängig.

Am Ende sagt er dem Bettler, der nun »Stolz« »Freiheit und Leben« besitzt, er solle diese »Theorie« auf alle seine Mitbrüder anwenden, d. h. Baudelaire ruft zur Revolution auf. »Was sagst du dazu, Bürger Proudhon?« Dieser über hundert Jahre unterschlagene[39] Schlußsatz zeigt den politischen Sinn des Textes: Baudelaire wendet sich gegen Proudhon und die ideologische Position, die er 1848 (im »Salut public« und der »Tribune nationale«) innehatte. Marx schrieb 1846, Proudhon sei der »Ökonom des Kleinbürgertums. (. . .) er ist geblendet von der Herrlichkeit der großen Bourgeoisie und hat Mitgefühl mit dem Leiden des Volkes. Er ist Bourgeois und Volk zugleich.« Proudhon war »der erklärte Feind jeder politischen Bewegung«. An »die Stelle der furchtbaren Kriege, die sich zwischen den verschiedenen Klassen einer Nation (. . .) vorbereiten; an die Stelle der praktischen und gewaltsamen Aktion der Massen (. . .) setzt Herr Proudhon die Entleerungsbewegung (le mouvement cacadauphin) seines Kopfes.« (MEW

4, 556f.) Diese lustige Metapher wirkt wie eine passende Beschreibung des psychischen Mechanismus, den Baudelaire seit »Segen« praktizierte, doch hat er nun den Heiligenschein des Caca-Dauphin, des Gottessohnes abgelegt und bekennt sich zur »Aktion«, zum »Kampf«, er geht zu Blanqui über.

Die Betonung der »Theorie« (das Wort erscheint dreimal) deutet an, daß Baudelaire nicht die putschistische Aktion predigt, sondern ähnlich wie Marx denkt; Voraussetzung der gesellschaftlichen Umwälzung ist die theoretische Analyse und deren Verbreitung[40]. Baudelaires Erwähnung und Verwerfung von Sokrates, für den die Philosophie eine Lehre der Kontemplation und abstrakten Interpretation war, läßt an die 11. Feuerbachthese von Marx denken. Sind die Bezüge auf Marx korrekt? Sind Baudelaires Bettler nicht eher als Vertreter des Lumpenproletariats zu sehen (wie es Brecht tat[41])? Aber Marx beschrieb die Lage der Arbeiter nach dem Juni 1848 (anläßlich des Wahlgesetzes von 1850) so: »Es warf die Arbeiter in die Pariastellung zurück, die sie vor der Februar-Revolution eingenommen hatten.« So »verzichteten sie auf die Ehre, eine erobernde Macht zu sein, unterwarfen sich ihrem Schicksal, bewiesen, daß die Niederlage vom Juni 1848 sie für Jahre kampfunfähig gemacht hatte und daß der geschichtliche Prozeß zunächst wieder *über* ihren Köpfen vor sich gehen müsse.« (MEW 8, 157) Engels sprach von der »unterwürfigen Passivität« (MEW 8, 228) der französischen Arbeiter nach dem Staatsstreich von 1851 (er meinte, sie werde nicht lange dauern, doch irrte er sich). Man kann Baudelaires Gedicht als einen Versuch sehen, »aus der amorphen Masse« die »eherne des Proletariats herauszuschlagen«, was Marx »als Aufgabe früh vor Augen« stand[42]. So läßt sich Baudelaires Polemik gegen Unterwürfigkeit und Passivität mit einem Ausspruch Lenins interpretieren, der nach dem Anhören von Beethovensonaten (Reflex einer bürgerlichen Revolution analog jener vom Februar) sagte: »Aber heutzutage darf man niemandem den Kopf streicheln – die Hand wird einem sonst abgebissen. Schlagen muß man auf die Köpfe, unbarmherzig schlagen – obwohl wir im Ideal gegen jede Vergewaltigung der Menschen sind. Hm, hm, unser Amt ist höllisch schwer«[43]. ›Auf die Köpfe‹ – auf den Schädel von »Spleen«. Die Frau Angst ist der »Dämon des Kampfes«, mit dem sich Baudelaire nun identifiziert. Sein Kopf ist nicht mehr ›gebeugt‹ (»Spleen«), er hat ihn vom ›Pult‹ erhoben und ist aus der ›Mansarde‹ herabgestiegen, um am ›Aufruhr‹ teilzunehmen (»Pariser Landschaft«).

Baudelaire schrieb das Gedicht in Brüssel, einem Zentrum der politischen Emigranten (wo damals z. B. Ménard Marx und Engels kennenlernte). Dort verkehrte er bei Hugo; er traf auch Poulet-Malassis, seinen Freund und Verleger, den Mitkämpfer vom Juni (s. S. 68); als er Thoré, einst Mitglied von Blanquis Société républicaine centrale, wiedersah, empfand er eine »riesige Freude« (Brief vom 12. 2. 1865). In dieser Atmosphäre sammelte sich die Arbeiterbewegung für 1871 (was wieder scheiterte, aber Lenin zog daraus die Lehren für 1917). Mit dem Gedanken von Baudelaires letztem Gedicht – dem Aufruf an die Unterdrückten, sich zu erheben – beginnt die Internationale, die Pottier 1871 schrieb:

Steht auf! Verdammte dieser Erde!
Steht auf! Gefangene des Hungers!
In ihrem Krater donnert die Vernunft,
Ihr Ausbruch wird endgültig sein!
Macht reinen Tisch mit dem Vergangenen,
Ja, Heer von Sklaven, auf! Steht auf!
Die Welt verwandelt sich im Tiefsten:
Wir sind ein Nichts, wir werden alles sein!

Baudelaire als Gestalt des Weltgeistes im Atem der Geschichte: Ein grandioser Höhenflug – ein schöner Schluß. Doch lassen wir ihn weiterfliegen und wenden uns noch einmal zu den Bildern zurück. Eine ›eherne Masse herausschlagen‹; ›unbarmherzig auf die Köpfe schlagen‹, ›die Vergewaltigung des Menschen‹, ›ein höllisch schweres Amt‹; die vergewaltigende Frau Angst als Figur der Hölle, der prügelnde Dämon des Kampfes. Nehmen wir dazu die frühe Szene des prügelnden Polizisten (S. 45f.) und eine Tagebuchstelle Baudelaires:

»Wenn ein Mensch sich so sehr ans Faulsein, ans Träumen, ans Nichtstun gewöhnt hat, daß er schließlich alle wichtigen Dinge dauernd auf den nächsten Tag verschiebt und ihn dann eines Morgens jemand mit wilden Schlägen aufweckt und ihn erbarmungslos so lange schlägt, bis er, der nicht zum Vergnügen arbeiten kann, schließlich aus Angst arbeitet, wäre dieser Mensch, der ihn so geschlagen hat, nicht in Wahrheit sein Freund, sein Wohltäter? (. . .)

Ebenso in der Politik: Der wahre Heilige ist jener, der das Volk schlägt, ja totschlägt, zum Wohle des Volkes.«

»Prügeln wir die Armen!« erscheint so als Verwandlung und Umwertung des alten christlichen Schlagerituals, mit dem die Menschheit von den Herrschenden seit jeher traktiert wurde und das dann auch die Kindererziehung bestimmte und zur verinnerlichten Erfahrungs- und Beziehungsstruktur geworden ist. Im Hintergrund wird Frau Angst sichtbar, ein Krake, der die Jahrhunderte umfaßt. Baudelaire versuchte, in einer dialektischen Anstrengung, sie mit ihren eigenen Waffen auszutreiben. Ob das wohl gut geht? Ob das Schlagen nicht schließlich lustvoll wird? Der einstige Masochist könnte zum Sadisten werden und die momentane Identifizierung mit dem Über-Ich würde zur dauernden? Und der Revolutionär verwandelt sich wieder in den Heiligen zurück? Die Unterdrückten sollen geschlagen werden, damit sie sich erheben, aber vielleicht werden dann auch diejenigen geschlagen, die anders denken, die nicht auf der gewünschten Linie liegen, und seien es selbst die einstigen Mitkämpfer, ja, diese besonders, da sie Zweifel an der Unfehlbarkeit der neuen ›Theorie‹ anmelden und das neue Über-Ich deshalb besonders verunsichern? Überläßt man sich solchen freien Assoziationen, so kann einem mancherlei einfallen. Wie war es mit Robespierre? Mit Lenin? Und da naht sich wieder Frau Angst – nein, es ist Väterchen Angst, Stalin, ›entsetzlich und despotisch‹ (»Spleen«). Assoziiert man weiter, so gelangt man von diesen Bildern, Klischees, Versatzstücken wieder zur Geschichte, zur Wirklichkeit, zu den Situationen, die diesen Komplex von Revolution und Terror erzeugten. Es war immer die gleiche Situation: Die Revolution wurde von der Konterrevolution bedroht und fast besiegt und in dieser Zwangslage setzte sich der Flügel durch, der mit äußerster Härte gegen jede Abweichung und Aufweichung vorging; auf den ersten Blick verständlich, im Grunde aber meist fragwürdig, wenn nicht sogar schädlich, was die Politik angeht und vor allem bedenklich, ja verheerend in Bezug auf die Verhaltensweisen, die ideologischen Normen, die sich so bildeten und in denen alte Zwangsstrukturen wieder erschienen und von neuem tradiert wurden[44].

Baudelaires Gedicht steht im Zusammenhang dieser vielfältigen Konfliktsmasse; auch Brechts Lehrstück »Die Maßnahme« entstammt ihr und kann zur Erhellung von Baudelaires Lehrgedicht dienen, da hier ebenfalls die Problematik des Wechsels der politischen Position und Identität unter dem Druck äußerer Verhältnisse in einer Weise zum Ausdruck kommt, die darauf deutet, daß die psychischen Dimensionen mit ausagiert werden, was an uralte Rituale erinnert, in denen nach der »Tötung eines alten Selbst« ein »neues Selbst« erscheint[45]. Die Opferung des jungen Genossen bei Brecht[46] hat ihr Gegenstück bei Baudelaire: Seine beiden Protagonisten der Revolution sind am Ende blau geschlagen, ohne Zähne, mit zerbrochenen Knochen. So läßt Baudelaires Phantasie erkennen, wie noch im Versuch der Befreiung von der alten Gesellschaft deren Macht im Innern des Individuums sich auswirkt – des kleinbürgerlichen Individuums[47], das sich mühsam von seiner Klasse losreißt.

Baudelaires Werk besteht aus Paradoxien und will man es verstehen, so ist ihnen nachzugehen bis zu dem Punkt, wo sie sich als Widersprüche der Wirklichkeit erweisen. Baudelaire war ein isolierter Individualist, doch gestaltete er die allgemeinsten Probleme seiner Zeit (die in vielem noch die unsere ist). Er war ein introvertierter Träumer, doch nahm er – recht ungewöhnlich für einen Literaten – an den entscheidenden Kämpfen aktiv teil. Er galt als Dichter ›ohne Politik‹ (Valéry[48], s. S. 4), in Wahrheit bildet die Politik das Zentrum seines Werks (das auch nicht nur der ›Grabstein auf den Hoffnungen der Junikämpfer‹ war, wie Benjamin[49] meinte, sondern diese Hoffnungen wieder auferstehen ließ). Er analysierte die gesellschaftlichen und psychologischen Konflikte seiner Epoche, oft luzide wie Marx und wie Freud, und er kannte beide nicht. Scheinbar floh er die Realität, in Wahrheit konfrontierte er sich mit sich selbst und das heißt mit der Wirklichkeit seiner Zeit. Er ließ das Fremde in sich zu: Die eigene Geschichte und die eigene Psyche. Dies Aufsteigen der Erfahrungen, dies Herausplatzen der unterdrückten Wünsche, der Wunschgeysire der menschlichen Anlagen und Möglichkeiten, ist das Faszinierende an Baudelaire. Er versuchte, diesen Vorgang in sprachliche, in sinnlich nachvollziehbare Bilder umzusetzen, womit er den Leser zum Denken, zum Fühlen stimuliert, den heutigen Leser, der zwar mehr weiß, aber mit gleichen oder ähnlichen Entfremdungen seiner äußeren und damit seiner inneren Welt sich herumschlägt.

Charles Baudelaire. Fotografie von Carjat

Anmerkungen

Phantastische Politik

1 Das Selbstportrait stammt von 1844 (Baudelaire nahm Haschisch im Hotel Pimodan, zusammen mit Gautier, der seine Erfahrungen auch beschrieb) und zeigt somit, daß Baudelaires Phantasiewelt sich auch schon vor 1848 mit Politik beschäftigte. Vgl. S. 45.

2 In Mansarden wohnten die Armen, auch Studenten und Künstler, woraus ein sentimentales Literaturthema entstand; so gab es 1824 von Scribe und anderen ein Vaudeville »La Mansarde des artistes«. Man kann hier auch an Spitzwegs Bild »Der arme Poet« (1839) denken. Relevant für Baudelaire ist die ganz andersartige und bedeutungsvolle Gestaltung dieses Themas bei Balzac, in dessen Romanen oft ein junger Mann aus der Provinz figuriert, der mittellos nach Paris kommt und in der Mansarde von einer finanziellen oder literarischen Karriere träumt, wie etwa Raphael de Valentin in *La Peau de Chagrin* (1831), der eine »Theorie des Willens« schreibt; das gleiche tut Louis Lambert (1832). Balzac schildert hier Erfahrungen seiner eigenen Jugend, die Inkubationszeit seines Werkes. – Die Mansarde des Gedichts ist vielleicht eine Erinnerung an die Zeit, als Baudelaire im Hotel Pimodan wohnte. Vergl. Leakey, Baudelaire and Nature. Manchester 1969, S. 17. Über Anklänge an den frühen Gautier ebd. S. 163.

3 Diese Gedichte (außer »Pariser Landschaft«) gehören in das Kapitel »Spleen und Ideal«. – »Der Spleen« (»Es ist bitter . . .«) erhielt (leicht verändert) 1857 den Titel »Die gesprungene Glocke«. – »Spleen« (»Wenn der Himmel . . .«) ließ ich hier in der (nur wenig veränderten) Fassung von 1861, u. a. weil die zahlreichen Interpretationen davon ausgehen, s. oben S. 126. – »Die Juwelen« mußten aufgrund des Gerichtsurteils von 1857 (s. Umschlag Rückseite) wieder entfernt werden. – »Pariser Landschaft« erschien am 15. 11. 1857 und wurde dann stark verändert als »Landschaft« in die 2. Auflage der »Blumen des Bösen« von 1861 aufgenommen. – Ich habe mehrfach die erste Fassung der Gedichte gewählt da sie oft konkreter oder dynamischer als die spätere Überarbeitung ist (besonders deutlich am Schluß von »Die Seele des Weins«), um so einige fast unbekannte Baudelairetexte vorzuführen; diese sind in der kritischen Ausgabe von Georges Blin und Claude Pichois, Paris 1968, zu finden.

Die Geburt der Phantasie aus der Politik

1 Das Gedicht erschien zuerst 1850. Es entstand vermutlich schon vor 1845 als ein zentrales Stück, des 1845, 1846 und 1847 angekündigten Gedichtbandes »Die Lesbierinnen« (siehe oben S. 36). Das Gedicht mußte 1857 aufgrund des Gerichtsurteils aus dem Band entfernt werden. – Zu den

Quellen dieser Konzeption der lesbischen Liebe vergleiche Charles Fouriers »Neue Liebeswelt«. Berlin 1977, S. 24ff.

[2] Das Gedicht erschien ursprünglich im Oktober 1852; es ist vor 1852 entstanden (vgl. die Ausgabe von Blin/Pichois).

[3] Ich bringe hier die Fassung, die im Juni 1850 in *Le Magasin des familles* mit dem Titel »Der Wein der braven Leute« erschien und im Sommer 1851 mit dem Titel »Die Seele des Weins« in *La République du Peuple, Almanach démocratique* wieder erschien; auf der Liste der Redakteure dieser Zeitschrift finden sich auch die Namen von Baudelaire und Dupont sowie die einiger Mitglieder der Nationalversammlung von 1848.

[4] Die Fassung, die 1854 veröffentlicht wurde.

[5] Die Fassung, die 1851 entstand (aus dem Manuskript der zwölf Gedichte mit dem Obertitel »Les Limbes«).

[6] Hierzu einige Angaben aus Jürgen Kuczynski, Die Geschichte der Lage der Arbeiter unter dem Kapitalismus. Berlin 1967, Band 32:
Die Kohleproduktion stieg (in 1000 t) von 1900 im Jahre 1830 auf 4400 im Jahre 1850. Die Roheisenproduktion: 1830 = 230, 1850 = 410. Es entstanden die ersten Großunternehmen, z. B. Creusot (1836: 1200 Arbeiter; 1848: 3000). – Vgl. auch Fernand Braudel, Ernest Labrousse, Histoire économique et sociale de la France, Bd. III, 1 und III, 2: de 1789–1880. Paris 1976.

[7] Die Arbeitszeit hatte in der Textilindustrie schon 1830 das Maximum, d. h. die physische Grenze erreicht: zwischen 14 und 16 Stunden an sechs Tagen, z. T. sogar an sieben Tagen (und zwar Männer, Frauen und Kinder; Kinder arbeiteten ab dem sechsten Lebensjahr).

[8] Der Reallohn betrug (im Vergleich mit 1900 = 100) im Jahre 1789 = 54, 1805–1814 = 74, 1815–1824 = 65, 1830 = 59, 1838 = 69, 1847 = 51, 1848 = 60, 1850 = 63. Man kann die politischen Verhältnisse an diesen Zahlen ablesen: Höchster Lohn unter Napoleon, Absinken während der Restauration, Anstieg nach der Julirevolution, dann wieder Absinken, Tiefpunkt 1847. – Die durchschnittliche Lebenserwartung eines Neugeborenen: Kind eines Großunternehmers 31 Jahre und 10 Monate; Kind eines Fabrikarbeiters 4 Jahre und 10 Monate; Kind eines Webers 3 Jahre und 10 Monate (nach Kuczynski).

[9] Zitiert bei H. See, Französische Wirtschaftsgeschichte, Jena 1930. Bd. II, S. 241 f. (nach Kuczynski, S. 217).

[10] Zur Kunst jener Zeit vgl. Konrad Farner, Gustave Doré, der industrialisierte Romantiker. München ^{2}1975.

[11] Diese Folgerung zieht François Porché in seiner Biographie: Baudelaire, Histoire d'une âme. Paris 1944, S. 64f.

[12] Zum Putsch von 1839 und »Pariser Landschaft« vgl. Jean Pommier, Dans les chemins de Baudelaire, Paris 1945, S. 177 und 19. – »der Schrei eines Aufruhrs« heißt es in dem Gedicht »Tous imberbes alors«, das Baudelaire 1844 (oder früher) an Saint-Beuve schickte.

[13] Bezieht sich vermutlich auf Désiré Nisard, Literaturhistoriker mit klassizistischem Geschmack.

[14] Ancelle war der 1844 eingesetzte Vormund Baudelaires.

[15] Katalog der Ausstellung »Kunst der bürgerlichen Revolution von 1830 bis 1848/49«, Berlin 1972, S. 53. – Das Motto (bekannt als Vox Populi, Vox Dei) findet sich z. B. auch bei Andrew Jackson, amerikanischer Prä-

sident von 1829–37: »The voice of the people is the voice of God.« Zitiert nach Manfred Escherig, Die Geburt des göttlichen Amerikaners; in: Sprache im technischen Zeitalter 54/1975, S. 109. In Hölderlins Ode »Stimme des Volks« heißt es: »Du seiest Gottes Stimme«. Vgl. Pierre Bertaux, Hölderlin und die französische Revolution, Frankf. 1969, S. 135.

16 Daniel Stern, Histoire de la Révolution de 1848, 3 Bde, Paris 1850–53 (Ich zitiere nach der Ausgabe von 1878). Daniel Stern war das Pseudonym der Schriftstellerin Marie d'Agoult. Sie war mit Franz Liszt befreundet; Richard Wagners Frau Cosima war ihre Tochter. – Die Stelle über Blanqui ist nicht korrekt. Blanqui war (im Gegensatz zu seinen Freunden) nicht für den sofortigen Aufstand. Vgl. etwa J. Höppner/W. Seidel-Höppner, Von Babeuf bis Blanqui, Leipzig 1975, Bd. I, S. 476. Dort in Bd. II, S. 527 Blanquis Text vom 26. 2. 48: »Für die rote Fahne«.

17 Zitiert nach Louis-Auguste Blanqui, Schriften zur Revolution, Nationalökonomie und Sozialkritik, hrsg. von Arno Münster, Reinbek 1971, S. 63 ff.

18 Es handelt sich hier um eine kleinbürgerlich-sozialistische Liste. Zu Caussidière vgl. Georges Duveau, 1848, Paris 1965, S. 66. – Zu 1848 vgl. weiterhin Jean Dautry, 1848 et la Seconde République, Paris ^{2}1957; Maurice Agulhon, 1848 ou l'apprentissage de la république 1848–1852. Paris 1973.

19 La Tribune nationale ist abgedruckt in: Mouquet/Bandy, Baudelaire en 1848. Paris 1946. Die Herausgeber bezeichnen die Tribune fälschlicherweise als »konservativ« (S. 61), was Marcel Ruff inzwischen richtiggestellt hat. M. Ruff, La pensée politique et sociale de Baudelaire; in: Littérature et société, Recueil d'études présenté à Bernard Guyon. Paris 1973, S. 65 ff. (Ruff vermutet, die Schlußpassagen oben S. 61 stammen von Baudelaire.)

20 Pujol pflegte in seinen Reden das Volk mit dem »gemarterten, blutenden Leib Christi« zu vergleichen; er veröffentlichte 1855 einen Gedichtband »Fabeln des Volkes« mit einer »Satire über das Eigentum«.

21 Die Darstellung der Vorgänge bei Engels ist ganz ähnlich, MEW 5, 112.

22 Auch in : Louis Ménard, Prologue d'une Révolution, Paris 1849. – Baudelaire rezensierte 1846 seinen *Prométhée délivré.*

23 Vgl. Michel Butor, Histoire extraordinaire. Paris 1961.

24 Zu den Fragen der Datierung vgl. die kritische Ausgabe der *Fleurs du Mal* von Georges Blin und Claude Pichois. Paris 1968, S. 492 und S. 504. Eine noch frühere Fassung von »Der Wein der Lumpensammler« dort S. 376.

25 Dupont wurde bereits 1851 wegen sozialistischer Lieder von der Polizei verfolgt.

26 Pierre Joseph Proudhon, Bekenntnisse eines Revolutionärs, hrsg. von Günter Hillmann. Reinbek 1969, S. 173. Das Buch wurde 1849 im Gefängnis geschrieben. Die Verbindung der »Vorhersehung« mit de Maistre dürfte sekundär sein. Vgl. etwa Pichois in Baudelaire, Correspondance, Paris 1973, I, 810.

27 G. W. Plechanow, Kunst und Gesellschaft, 1912; (in: ders. Kunst und Literatur. Berlin 1955, S. 242 f.).

28 Diese wesentliche Tatsache fand Claude Pichois mittels graphologischer

Untersuchungen. C. Pichois, Baudelaire, Neuchatel 1966, S. 219 ff. – Die gleiche enthemmende Wirkung der Paralyse (mit gleichem zeitlichem Verlaufe wie auch der Abfolge von Euphorie und Aggression) zeigte sich bei Nietzsche; vgl. Karl Jaspers, Nietzsche. Berlin/Leipzig 1936, S. 78 ff.

Die Erkenntnis der Phantasie

1 Vgl. etwa William Empson, Seven Types of Ambiguity; Northrop Frye, The Anatomy of Criticism; Kenneth Burke, The Philosophy of Literary Form. – Ezra Pound setzte »dichten« mit »condensare« gleich (in *ABC of Reading,* London 1951, S. 92 und 97).

2 Zum Basteln – *bricolage* – vgl. Claude Lévi-Strauss, Das wilde Denken. Frankfurt 1973, S. 29 ff.

3 Das dramatische Element der Dichtung betonte Kenneth Burke, Dichtung als symbolische Handlung. Frankfurt 1966, S. 101 ff.

4 Zu dieser Stufe des Leseprozesses vgl. Manfred Naumann et al., Gesellschaft-Literatur-Lesen. Berlin/Weimar 1973, S. 315 ff.

5 Vgl. zu diesem Terminus Roman Ingarden, Vom Erkennen des literarischen Kunstwerkes. Tübingen 1968, S. 49 ff.

6 Erich Auerbach, Baudelaire und das Erhabene; in: Vier Untersuchungen zur Geschichte der französischen Bildung. Bern 1951, S. 107 ff.

7 Leo Spitzer, Interpretationen zur Geschichte der französischen Lyrik. Heidelberg 1961, S. 172 ff.

8 Le Hir, Analyses stilistiques. Paris 1965, S. 239.

9 René Galand, Baudelaire, Poétiques et poésie. Paris 1968, S. 336 f.

10 Roman Jakobson, Une microscopie du dernier Spleen dans les Fleurs du Mal; in: Tel Quel 29/1967, S. 12 ff. – Jakobsons extrem detaillierte Lektüre der Textoberfläche ist sehr lehrreich.

11 Le Hir, S. 239.

12 Vgl. Freud, Zur Einführung des Narzißmus, GW X, S. 137–170 und Herbert Marcuse, Triebstruktur und Gesellschaft. Frankfurt 1965, S. 166 f.

13 Vgl. Karl Abraham, Psychoanalytische Studien zur Charakterbildung. Frankfurt 1969, S. 245 ff. Doch pflegt »Ungeziefer« auch ein Symbol für Kinder zu sein (Freud, Vorlesungen zur Einführung in die Psychoanalyse; GW XI, S. 154); es verbergen sich die bösen, aggressiven Kinder aus den späteren Prosagedichten darin (S. 111 und S. 112), die Baudelaires eigene Wünsche verkörpern.

14 Diese psychoanalytische Interpretation findet sich bereits bei Georges Blin, Le Sadisme de Baudelaire. Paris 1948, S. 18.

15 Freud, Ein Kind wird geschlagen, in GW XII, S. 195 ff.

16 »Clergeon (. . .) déshonorera Proserpine (. . .). Il se jette sur elle et lui plante sa pine dans l'oeil.« Baudelaire, Ouevres complètes (Pléiade). Paris 1954, S. 1272 f.

17 Die Verbindung von Angst und Orgasmus bei Baudelaire beschrieb René Laforgue, L'échec de Baudelaire. Paris 1964, S. 153 f.

18 Den Zukunftsaspekt der Phantasie erwähnt Freud in »Der Dichter und das Phantasieren«, GW VII, S. 217.

[19] Freud, Der Dichter und das Phantasieren.

[20] Manifest der Kommunistischen Partei (MEW 4,479).

[21] Alphonse Constant, La Voix de la Famine, 1846; zitiert nach dem (sehr wichtigen) Kapitel »Baudelaire en 1847, Petit essai de sociologie littéraire« von Claude Pichois, Baudelaire, S. 110. (Baudelaire kannte diesen Autor, der übrigens später als Eliphas Lévy berühmt wurde.)

[22] Das Gedicht erschien am 10. 4. 1859 und war an Elisa Guerri gerichtet, die mit den italienischen Revolutionären sympathisierte. Orsini wird in Baudelaires Brief vom 16. 5. 1859 erwähnt.

[23] Jules Michelet, Geschichte der französischen Revolution. Wien-Hamburg-Zürich, o. J., hrsg. F. M. Kircheisen, Bd. 3, S. 464 ff., erschien ursprünglich 1847–53.

[24] M. A. de Lamartine, Histoire des Girondins. Brüssel 1847, Bd. II, Buch 16, S. 16 ff.

[25] Baudelaires Schockerfahrung wurde von Walter Benjamin beschrieben (W. B.: Charles Baudelaire, Frankfurt 1969, S. 120 f.), doch nicht mit den politischen Ereignissen verbunden. Vgl. meinen Aufsatz »Die Widersprüche Walter Benjamins«, in: Neue Rundschau 3/1974.

[26] Butor, Histoire extraordinaire. Laforgue interpretierte den Auswuchs als Penissymbol (L'échec, S. 83); die anale Bedeutung kommt hinzu: Baudelaire stellt sich im Traum als Kopfproduzent dar, der dabei freilich nicht glücklich ist (Kopf als nach oben verschobener Anus s. Laforgue, S. 142). Die anale Bedeutung ist in Butors Interpretation impliziert, da er das Erscheinen von Baudelaires erstem Buch als Anlaß des Traumes sieht.

[27] Katalog der Ausstellung »Guernica«. Berlin 1975, S. 91. Dort heißt es: »Der Maler ersetzt den Auferstandenen durch die neue Freiheitsgöttin, seine Standarte durch die Trikolore, (. . .) das Grab durch die Barrikade«.

[28] Vgl. Walter Benjamin, Schriften. Frankfurt 1955, Bd. I, S. 503.

[29] Freud, Der Dichter und das Phantasieren.

[30] Mario Praz, Liebe, Tod und Teufel. München 1970 (dtv); I. Kapitel: »Die Schönheit der Medusa«, IV. Kapitel: »La Belle Dame sans Merci«.

[31] Zum Begriff der Identität vgl. Erich H. Erikson, Identität und Lebenszyklus. Frankfurt 1966, S. 202.

[32] Baudelaire betrachtete diese sublimierend-verdrängende Geistigkeit als Haltung des aristokratischen Künstlers:

»Je mehr ein Mann die Künste pflegt, desto weniger steht er ihm. Es vollzieht sich eine immer spürbarere Trennung zwischen dem Geist und dem Tier.

Nur einem tierischen Kerl steht er gehörig und die Fickerei ist die Poesie des Volkes. (. . .)

Jeden Tag der Größte aller Menschen sein wollen!«

Auch die hinter der Anbetung stehende Erniedrigung der Frau hat Baudelaire prägnant formuliert:

»Die Frau ist das Gegenteil des Dandy.
Also muß sie Abscheu erregen. (. . .)
Sie ist geil und will gefickt werden. (. . .)
Sie ist *natürlich,* das heißt abscheulich. (. . .) –

Es gibt nur zwei Orte, wo man für das Recht, etwas auszugeben, zahlt: Die öffentlichen Latrinen und die Frauen.«

Aus: Mein entblößtes Herz. Posthum, geschrieben um 1860.

[33] »Ficken heißt, danach zu streben, in einen anderen einzudringen, und der Künstler geht nie aus sich heraus. (. . .)

Was ist die Liebe?
Das Bedürfnis, aus sich herauszugehen.
Der Mensch ist ein Tier, das anbetet.
Anbeten heißt, sich opfern und sich prostituieren.
So ist jede Liebe Prostitution. (. . .)

Das Wesen, das sich am meisten prostituiert, ist das Wesen par excellence, das heißt Gott, denn er ist der größte Freund jedes einzelnen, denn er ist das gemeinsame, unerschöpfliche Reservoir der Liebe. (. . .)
Religiöser Rausch der großen Städte. – Pantheismus. Ich, das sind alle; alle sind ich.
Wirbel.«
Aus: Baudelaire: Mein entblößtes Herz. Posthum; geschrieben um 1860.

[34] Man nahm früher an, das Gedicht sei vor 1848 entstanden. Dagegen Antoine Adam in seiner Ausgabe der *Fleurs du Mal,* Paris 1961, S. 272ff. Auch Balaschow, Das Schaffen Baudelaires; in: Beiträge zur romanischen Philologie 2/1964, S. 15.–F. W. Leaky, Baudelaire and Nature, Manchester 1969, S. 173 (er meint aber, nur das erste Quartett sei von 1855/56).

[35] »pavillon« wird meist mit »Zelt« übersetzt, doch meint Leakey (Baudelaire, S. 35, mit Hinweis auf Pichois), es habe hier die Bedeutung »Fahne«, im Rahmen der übrigen »nautischen« Bilder: »flammes« in Str. 4, Z. 5 bedeutet auch nicht »Flammenschein«, sondern »Wimpel«; die beiden Flaggen sind mit dem Bild von Str. 1, Z. 5 zusammenzusehen.

[36] Vgl. die kritische Ausgabe von Baudelaires *Petits Poèmes en Prose* von Robert Kopp, Paris 1969, S. 349.

[37] Vgl. die Ausgabe von R. Kopp, S. 355. Diese, freilich immer noch sehr verhüllende Angabe, ist meist übersehen worden, auch in der sonst sehr wichtigen Interpretation von Baudelaires Spätwerk durch Charles Mauron: Le dernier Baudelaire, Paris 1966, S. 113f.;ebenso wie von Benjamin Fondane, Baudelaire, l'expérience du gouffre. Paris 1947, S. 156.

[38] Benjamin, Baudelaire, S. 9ff.

[39] Die Leipziger Ausgabe der Dichtungen Baudelaires von 1973 brachte zum erstenmal das Gedicht mit diesem Schlußsatz. Aller Wahrscheinlichkeit nach hatte nicht Baudelaire, sondern der Herausgeber von 1869 den Schlußsatz gestrichen. Vgl. die Ausgabe von Kopp, S. 357ff.

[40] Marx wandte sich 1850 gegen die »Konspirateurs«: Ihr »Geschäft besteht gerade darin (. . .) eine Revolution aus dem Stegreif, ohne die Bedingungen einer Revolution zu machen«. Sie »verachten aufs tiefste die mehr theoretische Aufklärung der Arbeiter über ihre Klasseninteressen.« (MEW 8,157)

[41] Brecht, Über Lyrik. Frankfurt 1964, S. 69. Es handelt sich allerdings um Notizen, die aus dem Nachlaß veröffentlicht wurden; sie entstanden 1936 nach Gesprächen mit Walter Benjamin.

[42] Benjamin, Baudelaire S. 9f.

[43] In: Gorki, Erinnerungen. Berlin 1928, S. 245f.

[44] Diese politische Problematik kann hier nicht ausgeführt werden. Zu Robespierre vgl. Albert Soboul, Die Große Französische Revolution. Frankfurt 1973, Teil 2, S. 371ff. Zu Lenin vgl. z.B. Dossier I: Kronstadt 1921

oder die Dritte Revolution. Zusammenstellung und Kommentar von Hans Magnus Enzensberger. Dort auch Rosa Luxemburg, aus: Die Russische Revolution. In: Kursbuch 9/1967. – Über die Psychohistorie (mit ihrer Folge von Befreiung-Schuldgefühl-Bestrafung) vgl. Marcuse, Triebstruktur, S. 71.

45 Burke, Dichtung, S. 43 (nach dem Originaltext übersetzt; vgl. Burke, Philosophy New York 1957, S. 34).

46 Man wird die Figur des Baal im Hintergrund sehen können. – Vgl. die Diskussion über »Die Maßnahme« in der Ausgabe von Reiner Steinweg, Frankfurt 1972. Für Ruth Fischer war »Die Maßnahme« eine »Heiligsprechung der stalinistischen Partei« (S. 417), für Steinweg das »Fehlen aktiver, auf Einsicht beruhender Negation« (S. 482). Ich meine, beide haben recht, in jeweils verschiedenen Dimensionen der Realität, die komplex ist und war und in Brecht ein Psychodrama auslöste. – Erhellend ist auch der Vergleich zwischen Baudelaires Gedicht und Brechts »Lied vom Soldaten« durch Dolf Oehler, der auch die politische Bedeutung von Baudelaires Text entdeckt hat. (D. O., »Assommons les Pauvres!«: Dialektik der Befreiung bei Baudelaire, in: Germanisch-Romanische Monatsschrift 25/1975.)

47 Vgl. wieder Brecht. Nach Franz Xaver Kroetz erweist sich der junge Genosse in seinem »›großen‹ Fehler« als »radikalisierter Kleinbürger«. F. X. Krœtz, Über »Die Maßnahme« von Bertolt Brecht; in: Kürbiskern, 4/1975, S. 109.

48 »La politique n'y paraît point.« Situation de Baudelaire; in: Varieté II, Paris 1930, S. 149.

49 »Blanquis Tat ist die Schwester von Baudelaires Traum gewesen. Beide sind ineinander verschlungen. Es sind die ineinander verschlungenen Hände auf einem Stein, unter dem Napoleon III. die Hoffnungen der Junikämpfer begraben hatte.« Benjamin, Baudelaire. S. 110.

Baudelaire-Karikatur von Nadar

Lebensdaten

1759 Geburt von Joseph-François Baudelaire. Er wird katholischer Priester.

1793 Das Gesetz über die »Zivilkonstitution des Klerus« erlaubt ihm die Rückkehr in den Laienstand. Höherer Verwaltungsbeamter im Empire.

1819 Ehe mit der achtundzwanzigjährigen Caroline Archimbaut-Dufais.

1821 Geburt von Charles Baudelaire (9. April).

1827 Tod von Joseph-François Baudelaire.

1828 Caroline Baudelaire heiratet den neununddreißigjährigen Berufsoffizier Aupick.

1831 Tod von Mariette, dem Dienstmädchen der Baudelaires.

1832 Umzug der Aupicks nach Lyon, wo B. in ein Internat kommt.

1834 Aupick ist einer der Kommandeure der Truppen, die den Aufstand der Lyoner Arbeiter niederschlagen.

1836 Umzug nach Paris. B. kommt als Interner in die berühmte Schule Louis le Grand.

1839 Entlassung aus Louis le Grand wegen Disziplinlosigkeit. Abitur. B. beschließt, gegen den Willen der Familie, Schriftsteller zu werden.

1840 Leben in der Bohème. Verkehr mit der Prostituierten ›Sara la Louchette‹. Infizierung mit Syphilis. Bekanntschaft mit den Schriftstellern Louis Ménard (1822–1901), Gustave LeVavasseur (1819–1896), Gérard de Nerval (1808–1855).

1841 Die Eltern beschließen, B. auf eine Indienreise zu schicken, um ihn aus der Bohème zu entfernen.

1842 B. kehrt auf der Insel Maurizius um. In Paris setzt er sein bisheriges Leben fort. Er wird volljährig und erbt das väterliche Vermögen, im heutigen Wert von ca. einer halben Million Mark. Bekanntschaft mit der Mulattin Jeanne Duval, die Statistenrollen am Theater spielt.

1843 Eine größere Zahl von Gedichten, die später in die »Blumen des Bösen« aufgenommen werden, entstehen in dieser Zeit. –

1844 Da B. sehr verschwenderisch lebt und schon fast die Hälfte des Erbes ausgegeben hat, wird er von der Familie unter Vormundschaft gestellt: Plötzliche Verarmung und hohe Schulden. B. nimmt Haschisch.

1845 Bekanntschaft mit Théophile Gautier (1811–1872). – Selbstmordversuch (der vielleicht nicht ernst gemeint war). – Es erscheint der »Salon von 1845« (Kunstkritiken). – Ankündigung eines Gedichtbandes »Die Lesbierinnen« von ›Baudelaire-Dufais‹ auf der Rückseite eines Buches von Pierre Dupont. Die Ankündigung wiederholt sich 1846 und 1847.

1846 »Salon von 1846«, »Ratschläge für junge Schriftsteller«, »Tröstliche Maximen über die Liebe«.

1847 Die Novelle »La Fanfarlo«. – Gustave Courbet malt B. (»Der Mann mit der Pfeife«).

1848 Teilnahme Baudelaires, am Februaraufstand. Herausgabe des »Salut public«, zusammen mit Champfleury (1821–1889) und Charles Toubin. – Von April bis Juni Redaktionssekretär der »Tribune nationale«. – Teilnahme am Juniaufstand. – Im Oktober einige Tage Redakteur der Zeitung »Le Représentant de l'Indre« in Chateauroux. – Im November Ankündigung des Gedichtbandes »Limbus« (»Les Limbes«), die sich 1850 wiederholt.

1849–1850 Einige Monate in Dijon.

1851 Im März »Über Wein und Haschisch, als Mittel zur Steigerung der Persönlichkeit«. – April: Elf Gedichte unter dem Obertitel »Limbus«. – August: Vorwort zu Pierre Dupont, Chants et Chansons. – B. wird als Mitarbeiter an der Zeitschrift »La République du Peuple, Almanach démocratique« aufgeführt. – Beim Staatsstreich am 2. Dezember ist B. bei den Gruppen, die Widerstand leisten.

1852 Erste Trennung von Jeanne Duval. – März: Aufsatz über Poe. – Im Dezember das erste Gedicht an Mme Sabatier, dem 1853 und 1854 weitere folgen. – B. übersetzt Poe.

Auguste Clésinger, Der Schlangenbiß. Marmor, 1846 (= Madame Sabatier, an die Baudelaire 1854 das Gedicht »Geistige Morgenröte« richtete)

1854 Liaison mit Marie Daubrun.

1855 Aufsatz über die Weltausstellung. In Courbets »Das Atelier« (das abgelehnt wird), ist auch Baudelaire dargestellt. – 18 Gedichte erscheinen mit Obertitel »Die Blumen des Bösen«. – B. wechselt den Wohnsitz häufiger als üblich (bis zu »sechsmal in einem Monat«).

1856 Buchausgabe der Poe-Übersetzungen.

1857 Tod Aupicks. – »Die Blumen des Bösen«. Prozeß. Verurteilung. B. bittet die Kaiserin um Nachlaß der Strafe. – Finanzielle Sorgen (trotz Wechselreiterei zusammen mit Poulet-Malassis). B. bittet das Unterrichtsministerium um Unterstützung (was er auch in den folgenden Jahren mehrfach tun wird. Er erhält Beträge von 100 bis 200 Francs).

1858 »Über das künstliche Ideal – Das Haschisch«.

1859 Aufsatz über Gautier; »Der Salon von 1859«; »Die sieben Greise«, »Die alten Weibchen«. Sechs Prosagedichte. Plan eines Buches »Mein entblößtes Herz«.

1860 »Der Schwan«. »Die künstlichen Paradiese«.

1861 Zweite Auflage der »Blumen des Bösen«. Aufsatz über Wagner.

1862 20 Prosagedichte. B. unternimmt den Versuch, in die Académie française aufgenommen zu werden.

1863 B. verkauft die Rechte an den »Blumen des Bösen«, die bei Poulet-Malassis liegen, heimlich an den Verleger Hetzel. – Poulet-Malassis wird wegen Schulden zu neun Monaten Gefängnis verurteilt. – B. versucht, vom Unterrichtsministerium Unterstützung für eine Reportage über die Museen Belgiens zu bekommen.

1864 B. reist nach Brüssel, wo er Vorträge über Literatur hält und seine Werke an belgische Verleger zu verkaufen versucht. Totales Fiasko. B. schreibt Notizen für ein Buch über Belgien.

1865 Enthusiastische Aufsätze von Mallarmé und Verlaine über B.

1866 Physischer und geistiger Zusammenbruch (Paralyse).

1867 Tod Baudelaires (31. August).

Namen und Personen

AFFRE, Auguste (1793–1848), Erzbischof von Paris. Bei Vermittlungsversuchen während des Juniaufstands versehentlich erschossen.

ALBERT (1815–1895), genannt ›der Arbeiter Albert‹, eigentlich *Alexandre Martin*. Nahm an den Aufständen von 1832, 1834, 1839 teil. Mitglied des konspirativen Geheimbundes »Die Jahreszeiten«. Leitete nach 1839 »Die Neuen Jahreszeiten«. Vom 15. Mai 1848 bis 1859 im Gefängnis.

L'ATELIER. Zeitschrift christlich-sozialistischer Arbeiter (1840–1850).

BARBES, Armand (1809–1870). Sohn eines reichen Arztes. Gründete 1834 den konspirativen Geheimbund »Die Familien«. 1836 im Gefängnis. Ab 1837 einer der Führer der »Jahreszeiten«, die den Aufstand von 1839 leiteten. Im Gefängnis bis Februar 1848 und vom 15. Mai 1848 bis 1854. Exil bis 1870.

BARTHELEMY, Emmanuel (Etwa 1813–1855). Wegen Erschießung eines Polizisten bis Februar 1848 im Gefängnis. 1849 konnte er nach London fliehen.

BARTHET, Armand (1820–1874). Schrieb 1848 eine republikanische Hymne.

BLANC, Louis (1811–1882). Schrieb »Die Organisation der Arbeit« (1839), »Das Recht auf Arbeit« (1848). Nach dem Juni 1848 bis 1870 im Exil.

BLANQUI, Louis-Auguste (1805–1881). Führer des revolutionären Proletariats in Frankreich. Kämpfte 1827 (Studentenaufstand) und 1830. Leitete »Die Jahreszeiten«, Anführer des Aufstands von 1839. Im Gefängnis bis Februar 1848, vom Mai 1848 bis 1859, 1861–1865 und 1871–1879.

Cabet, Etienne (1788–1856). Utopisch-religiöser Kommunist. Schrieb »Reise nach Ikarien« (1840), »Das wahre Christentum nach Jesus-Christus« (1846).

Carnot, Hippolyte (1801–1888). Minister der Provisorischen Regierung von 1848.

Caussidiere, Marc (1808–1861). Kaufmann. Kämpfte 1834 in Lyon. Bis 1837 im Gefängnis. 1848 Polizeipräfekt von Paris. Emigrierte im August 1848 nach England.

Cavaignac, Louis-Eugène (1802–1857). General; Ministerpräsident von Juni bis Dezember 1848.

Constant, Alphonse (1820–1875). Religiöser Sozialist. Schrieb »Die Mutter Gottes« (1844), »Die drei Harmonien« (1845), darin ein Gedicht »Die Entsprechungen«. Später berühmt als Theosoph unter dem Namen Eliphas Lévi.

Dupont, Pierre (1821–1870). War am 2. Dezember 1851 bei den Widerstandsgruppen. Wurde zu sieben Jahren Deportation verurteilt, aber früh begnadigt.

Favre, Jules (1809–1880). Seit 1858 Abgeordneter, Republikaner.

de Flotte, François (1817–1870). Marineoffizier. Fourierist. Gefallen als Offizier Garibaldis.

Girardin, Emile de (1806–1881). Zeitungskönig (»La Presse«).

Guizot, François-Pierre-Guillaume (1787–1874). Minister von 1840–1848.

Hugo, Victor (1802–1885). Schriftsteller. Erwirkte 1839 die Aufhebung der Todesstrafe für Barbès. Seit Juni 1848 Abgeordneter. Versuchte am 2. Dezember den Widerstand zu organisieren. Exil bis 1870.

Lacollonge, Hubert (1816–?). Lehrer. Einer der Führer des Juniaufstands. Bis 1856 im Gefängnis.

Lacordaire, Henri (1802–1861). Priester. 1848 republikanischer Abgeordneter.

Lamartine, Alphonse-Marie de (1790–1869). Begründer der romantischen Dichtung in Frankreich (1820). Abgeordneter in der Julimonarchie. Haupt der Provisorischen Regierung.

Lamenais, Félicité de (1782–1854). Ex-Priester, christlicher Sozialist. 1848–1850 republikanischer Abgeordneter. Schrieb »Worte eines Gläubigen« (1834), »Das Buch des Volkes« (1837).

Leconte de Lisle, (1818–1894). Von Februar bis Juni 1848 Agitator für fourieristische Clubs. Im Juni auf der Seite der Arbeiter. 1871 veröffentlichte er anonym »Republikanischer Volkskatechismus«.

Ledru-Rollin, Alexandre-Auguste (1807–1874). Minister der Provisorischen Regierung. Ab 1849 im Exil in England.

Leroux, Pierre (1797–1871). Saint-Simonistisch-christlicher Sozialist. Republikanischer Abgeordneter 1848–1851. Nachdem ihn Daniel Stern einige Tage versteckt hatte, Flucht nach England, bis 1860.

Marrast, Armand (1801–1852). Minister der Provisorischen Regierung.

Menard, Louis (1822–1901). Verteidigte die Junikämpfer in Proudhons Zeitung »Le Peuple«, erhielt dafür drei Jahre Gefängnis und 5000 Francs Strafe. Emigrierte nach London, dann nach Belgien, wo er Blanqui traf.

Pellieux, Junikämpfer; keine Daten feststellbar

Poulet-Malassis, Auguste (1815–1878). Gründete Anfang Juni 1848 eine Zeitung »Der Liebenswerte Vorstädter, Zeitung der Kanaille«. Von Juni bis Dezember 1848 in den Bleikammern von Brest. (In dieser Zeit gingen zwei seiner Manuskripte verloren: »Theorie der Revolutionen«, »Die Stunde der Dekadenz«). Verlegte die Broschüren der Arbeiterdelegationen, die sich 1862 in London trafen. Wegen Verschuldung eingesperrt, emigrierte 1863 nach Belgien, wo er Schriften gegen Napoleon III. druckte.

PROUDHON, Pierre-Joseph (1809–1865). 1848 Abgeordneter. 1849 und 1851 im Gefängnis. Exil in Belgien.

PUJOL, Louis-Ferdinand (1822–1866). Schriftsteller. Anhänger Blanquis. Im Februar 1848 von Lamartine, an den er eine Ode gerichtet hatte, aus dem Gefängnis entlassen. Nahm am 15. Mai teil. Bis 1852 im Gefängnis. Kämpfte 1853 beim Aufstand in Barcelona, 1861 im amerikanischen Bürgerkrieg auf der Seite des Nordens, starb 1866 im mexikanischen Befreiungskrieg.

RACARI, Junikämpfer; keine Daten feststellbar.

RASPAIL, François (1794–1878). Arzt, Publizist. Kämpfte 1830. Leitete 1831 den Bund der »Volkfreunde«. Im Gefängnis 1832 und 1835, vom 15. Mai 1848 bis 1853, 1872–1874.

THORE, Théophile (1807–1869). Kunstkritiker. Sozialistischer Publizist. 1848 Abgeordneter. Ab 1849 im Exil in England und Belgien.

VIDAL, François (1814–1872). Anhänger von Louis Blanc.

(Diese Liste enthält Namen und Personen, die im Text noch nicht oder nur unzureichend erläutert wurden. – Angaben hauptsächlich nach dem ›Dictionnaire biographique du mouvement ouvrier français‹, Paris 1964 ff.)